心理的安全性が
つくりだす
組織の未来

アメリカ発の心理的安全性を日本流に転換せよ

仁科 雅朋

産業能率大学出版部

はじめに

　アメリカ発の「心理的安全性」という概念が叫ばれて 20 年以上が
経ち、2016 年に Google が「心理的安全性こそが、パフォーマンス
の高いチームの必須条件である」という調査結果を発表しました。そ
れ以来、日本企業にもかなりこの概念が浸透してきたように思います。
そして昨今は VUCA（Volatility：変動性、Uncertainty：不確実性、
Complexity：複雑性、Ambiguity：曖昧性）と呼ばれ、文字通り先行
き不透明な時代となったことは誰の目にも明らかでしょう。

　この 3 年間に世界を席巻したコロナ・パンデミックは、時代を不可
逆的に進化させました。2021 年のアメリカでは 4,700 万もの人が自主
的に退社し、いわゆるグレート・レジグネーション（大退職時代）を迎
えました。日本も同様に、2021 年の正社員の退職率は 7.03% と過去 6
年で最高の水準となっています（マイナビ 転職動向調査 2022 年度版）。

　これはリモートワークが進んだことで会社との心理的距離が広がり、
改めて自分と会社の関係を見つめ直す機会が増えたことに起因するとも
言われております。同時に、急速なデジタル社会への変貌と SNS の浸
透で、これまでとは明らかに価値観が異なる「Z 世代」と言われる若者
たちが社会人となり、働き始めています。

　このような背景も相まって、企業はこれまで以上に多様な価値観を受
け入れて、人材の有効活用を考えねばなりません。少子化が加速する中、
雇用を維持するために、今や「より働きやすく、働き甲斐のある組織風
土を創ること」が至上命題となったのです。しかし現在、企業の離職者
は増え続けています。

　私が思うに、この潮流はこれまでの日本企業の精神であった家族主義
や封建的な企業風土に疑問を抱き、新たな理想郷に向かおうとしている
のではないでしょうか。企業側もこれまでの企業体質を転換しようとは

するものの、歴史が長い企業ほど、大きく舵を切ることが難しいというのが現実だと思います。短期的な施策で「働きやすい」環境は整えられても、「働き甲斐」に通じる効果的な施策が打てないまま、逆に生ぬるい組織に成り下がってしまう企業も見受けられます。

　進化とは新しいものが生まれると同時に、古いものも存在し続ける世界です。急速に進化発展している現代は、多様な価値観が偏在する世の中になったのです。高度経済成長期の日本は「西洋に追いつき追い越せ」をスローガンに独自の組織形態で発展をしてきました。1980年代にジャパン・アズ・ナンバーワンを誇った日本型経営の根底には家族主義がありました。これは欧米のようにジョブ型採用で、報酬の格差や信賞必罰を前提とした非人格的な組織ではありません。

　しかし、現在は日本企業でもワークライフバランスが浸透し、この前提が崩れつつあります。一方、欧米ではむしろ、心理的安全性の高い組織作りに注目が集まり、チームの関係性の質がパフォーマンスの質に影響するとし、報酬のみならず、仕事に目的とやりがいを求めだしているように見えます。

　ドイツの哲学者ヘーゲルの弁証法の一つに「対立物の相互浸透の法則」があります。両極端のものは、いずれお互いに近づいてくるという考え方です。私には欧米と日本の働き方がお互いのよい点を吸収し、近づいているようにも見えるのです。本書では今後、日本の企業が発展していくための考え方と具体的な方法、そして、心理的安全性の先にある未来を俯瞰したいと思います。

本書のあらまし

　第1章では、本書の中心テーマである心理的安全性についての概論と背景を考察します。

　エイミー・C・エドモンドソンの『恐れのない組織』を俯瞰しつつ、ポイントを整理していきます。第2章では、欧米の産業発展の歴史と背景を振り返ります。どのような考え方でこれまでの発展を築いてきたのかをダイジェストに俯瞰します。そして、その欧米の影響を受けながらも、独自の強みを発揮して発展してきた、戦後の日本の本質について考えてみたいと思います。

　そして第3章では日本人の精神性を紐解き、その精神性を今後どう活かしていけばよいのかを分析します。続く第4章では、日本の組織における心理的安全性を高める方法を、これまでコンサルティングの現場で培ってきたノウハウをもとに、具体的に提示します。

　第5章では、自分らの力で心理的安全性を高める方法をお伝えします。欧米では一般的になりつつある「マインドフルネス瞑想」が、これからの日本でも確実に広まっていくと思います。この章では、その意味と手法について詳しく掘り下げていきます。

　第6章では、これまで心理的安全性を高めることで成果につながったコンサルティングの事例をご紹介します。第7章では、日本ならではの心理的安全性を高めてきた特徴的な企業4社の経営者にインタビューし、その要諦とこれからの企業運営に必要な考え方を取材した内容をご紹介します。そして、最終章では、心理的安全性の先にある未来についての私の見解を、概念図とともにご参照頂ければと思います。

　私は人も組織もいまだに発展途上であり、まだまだ可能性を拡げることはできると信じています。この先行き不透明なカオスの時代に、ビジネスパーソンとして、一介のコンサルタントとして、一筋の光明を見た

いと願います。そして、奇跡的にこの時代に生まれ落ちた一人の人間として、これからの時代に対する期待を書きましたので、最後までお読み頂ければ幸いです。

もくじ

はじめに ………………………………………………………………… 1

本書のあらまし ………………………………………………………… 3

第1章　心理的安全性とは何か　　　　　9

1 エイミー・C・エドモンドソンが提唱する心理的安全性 ………… 10

2 プロジェクト・アリストテレスの研究 …………………………… 15

3 オーセンティック・リーダーシップ …………………………… 18

　第1章　まとめ ……………………………………………………… 21

第2章　欧米と日本の組織づくり　　　　23

1 欧米における産業の発展 ………………………………………… 24

2 日本的経営の特徴 ………………………………………………… 37

　第2章　まとめ ……………………………………………………… 49

第3章　日本の精神文化　　　　　　　　51

1 日本人とは ………………………………………………………… 52

2 『菊と刀』の考察 ………………………………………………… 55

　第3章　まとめ ……………………………………………………… 65

第4章　日本における心理的安全性の高め方　　67

1 心理的安全性の高い組織の前提条件 …………………………… 68

2 心理的安全性の高い組織の作り方 ……………………………… 73

3 心理的に安全な場を作る ………………………………………… 86

　第4章　まとめ ……………………………………………………… 104

第5章　自分の心理的安全性の高め方　105

1 私の体験 ……………………………………………………… 106

2 マインドフルネス瞑想法 …………………………………… 109

　　第5章　まとめ ……………………………………………… 128

第6章　心理的安全性を高めた組織変革事例　131

1 （事例）固定観念の打破で、市場シェア向上 ……………… 132

2 （事例）現場への権限委譲が命運を分けた………………… 137

3 （事例）若手の本音が事業部の未来を変えた……………… 142

4 （事例）考え方が変われば行動が変わり業績は向上する ……… 148

　　コラム　成功する組織運営の方程式 ……………………… 154

　　第6章　まとめ ……………………………………………… 160

第7章　経営者インタビュー　163

1 滝沢ハム株式会社　中江一雄社長 インタビュー………… 164

2 伊那食品工業株式会社　塚越英弘社長 インタビュー …… 172

3 株式会社ネットプロテクションズ 柴田 紳社長 インタビュー … 179

4 株式会社タニタ　谷田千里社長 インタビュー …………… 186

最終章　195

おわりに……………………………………………………………… 200

第**1**章

心理的安全性とは何か

1 エイミー・C・エドモンドソンが提唱する心理的安全性

1 エイミー・C・エドモンドソン『恐れのない組織』

　心理的安全性という概念は、1999 年にハーバード・ビジネス・スクールのエイミー・C・エドモンドソン教授により提唱されました。論文では、「psychological safety as a shared belief that the team is safe for interpersonal risk taking.」と記載されており、直訳すると、「対人関係のリスクを取る行動をしても安全であるという共通の信念」になります。また、エドモンドソンは 2011 年以来、「Thinkers50」に選出され続けており、世界的に影響力がある経営思想家としても有名です。日本でも 2021 年 2 月に『恐れのない組織』（野津智子訳 / 英治出版）という本で心理的安全性の重要性を説き、大変注目されています。

　本書を書き進めるにあたり、まずは、心理的安全性の生みの親であるエドモンドソンの著書『恐れのない組織』を要約し、考察を述べていきたいと思います。この本の中で、心理的安全性とは**「みんなが気兼ねなく意見を述べることができ、自分らしくいられる文化」**（『恐れのない組織』P14-15）のことだと定義されています。

　シンプルで分かりやすいこの定義にもちろん賛同はしますが、一方でこのような組織風土を醸成することが、いかに難しいかをこれまでのコンサルティングの現場で体験してきました。つまり、いまだに多くの企業がこの概念とは真逆の「気兼ねをして自分の意見を言えず、自分らしくいられない」組織風土になっているということです。

　この本の中で心理的安全性が低いがゆえに、大きな事件に発展してしまった実例が紹介されています。中でも、かつて世界 No.1 のシェアを誇っていたフォルクスワーゲンの「ディーゼルゲート事件」は、心理的安全性が脅かされるとこうなる、という典型としての学びがあると思います。

2 ディーゼルゲート事件の全貌

　フォルクスワーゲンは、2015年には前年の販売台数が1,000万台を突破し世界最大規模の自動車メーカーの座に就きました。しかしその数か月後、アメリカでの驚異的な販売を支えていたクリーン・ディーゼルエンジンが事実上、作り話であったことが発覚しました。CEOのマルティン・ヴィンターコルンが全責任を取って同年の9月に辞職。その後、政府規制当局を欺くために関わったとされる40人余りの人物が特定されました。

①ディーゼルゲート事件の背景

　ヴィンターコルンがリーダーに就任した際、同社のアメリカでの売上を10年以内に3倍にし、ライバルのトヨタやゼネラルモーターズを抜いて世界1位の自動車メーカーになるという目標を掲げました。

　しかし当初より、その戦略の柱となったクリーン・ディーゼル車はアメリカの環境規制には適合せず、アメリカでの販売は不可能であるということがエンジニアたちには分かっていました。そのことを上層部に進言できず、結果としてアメリカの排出テストに合格するために、偽りのソフトウエア・コードを埋め込んだのです。つまりエンジニアたちは、環境規制のテストに合格するためだけのデータ改ざんに尽力したのです。

　後日、CEOのヴィンターコルンは「不正行為については一切知らなかった」と語っています。この発言が真実であるならば、心理的安全性を欠いた組織の象徴的な末路であると言わざるを得ません。「裸の王様」という物語を思い出します。

②ヴィンターコルンの人物像

　ヴィンターコルンは、横柄で細部へのこだわりが強く、完璧主義と評されています。当時のフォルクスワーゲンの、あるエグゼクティブいわく「よくない報告をしようものなら大声で罵倒され、常に不快で屈辱的な思いを味わうことになった」と述懐しています。組織風土はリーダー

の態度や発言によって作られると言っても過言ではありません。リーダーの言動は下に下にと伝播していきます。当時のフォルクスワーゲンは心理的安全性が著しく低い組織風土でした。

　しかし、この本の結論はここでは終わらないのです。かつて、ヴィンターコルンはフォルクスワーゲンの元会長、CEO、筆頭株主であるフェルディナント・ピエヒの秘蔵っ子だったとのことです。ピエヒはもともと優秀なエンジニアであり、売れるデザインを完成させるには部下を恐れさせるべきだと信じて疑わなかった人物でした。彼を特徴づけるエピソードとして、クライスラーのエグゼクティブであったボブ・ラッツが次のように語っています。

　1990年代に開かれたある業界の夕食会でのこと。ラッツがフォルクスワーゲンのゴルフの新型モデルの外観のデザインを称賛し、その秘訣を尋ねました。ピエヒは誇らしげに次のように答えたと言います。

　「コツを教えよう。私は車体設計エンジニア、スタンピング担当者、製造担当者、エグゼクティブの全員を会議室に集めた。そしてこう言った。「このボディはどこもかしこもみっともなくて、うんざりだ。六週間で世界トップレベルのボディを完成させろ。誰が何の担当かは、すべてわかっている。六週間で完成できなかったら、全員クビだからな。以上だ。」(『恐れのない組織』P85)

　この事件を引き起こした張本人はヴィンターコルンではなく、ピエヒだったのでしょうか。否、結論はここでも終わりません。ピエヒもそのリーダーシップは祖父のフェルディナント・ポルシェに学び、このポルシェもかつてのフォードで学んだ最適な工場運営をリーダーシップに活かしただけだったと。

③ディーゼルゲート事件の考察

　以上がこの本の中で取り上げられているフォルクスワーゲンの「ディーゼルゲート事件」の全容です。その他、いくつか同じような事例が取り上げられていますが、結論はどれも共通しています。すべては

心理的安全性を欠いたがゆえに起こった事件だと言えるでしょう。

　日本でも同様の理由で発生した事件がいくつもあります。例えば2000 年に発覚した「三菱自動車のリコール隠し事件」、2016 年に起きた「東芝の不適切会計問題」、2019 年の「かんぽ生命の不適切販売」など枚挙にいとまがありません。しからばなぜ、このような事件が起こり続けるのでしょうか。後々、問題になることが分かっているのに誰も止められないのはなぜなのでしょうか。

　かつて映画でも話題になったタイタニック号。1912 年 4 月に悲劇は起こりました。当時世界最大の豪華客船であったタイタニック号は2,224 人の乗員乗客を乗せていました。大西洋沖の氷山に激突し 1,513人が亡くなり、生存者はその半数以下の 710 人という大惨事となりました。乗員乗客の半数以上の死者を出してしまった要因の一つは、救命ボートが乗員数の半分しか用意されていなかったからです。

　当時、この船は「浮沈船」と言われていました。しかし事故後、タイタニック号の建造に関わったメンバーを調査したところ、誰も浮沈船だとは思っていなかったのです。関係者のほぼ全員が、氷山にぶつかれば、他の客船同様に沈没する可能性は十分にあると分かっていたのです。

　にもかかわらず、救命ボートは乗員乗客の半分しか用意されていませんでした。理由は他のすべての事件と共通しています。心理的安全性を欠いた雰囲気の中で、誰も真実を進言できなかったのです。人の命よりその場の空気の方が重かったということです。

④ 4 つの自己印象操作

　この本では、このような心理的要因を 4 つの自己印象操作として述べています。

a　自分は「無知」だと思われたくない。だから質問をせず、相談もしない

b　自分は「無能」だと思われたくない。だからミスは隠し、自分の考えを述べない

c　自分は「邪魔」だと思われたくない。だから助けを求めず、不完全
　　でも妥協する

d　自分は「否定的」だと思われたくない。だから議論を避け、沈黙を
　　選択する

　いかがでしょうか。組織風土とは、言い換えれば個人心理の集合体で
す。もともと、誰もがこのような自己印象操作を使い分けながら仕事を
しているのです。そこに心理的安全性が低い風土が出来上がっていたら、
この操作はさらに強いものになるでしょう。

　残念ながら、日本人は「その場の空気を読み合う」傾向が強いと言わ
れています。例えば、飲み会でみんながネクタイを外していたら、私も
同じように外します。人と違うことをしてはいけないという教育を受け
てきたので、その精神性が根底にあるからだと思います。小学校の授業
で、国語の時間に算数の教科書を開いてはいけなかったのです。それど
ころか、ボーッと窓の外を眺めていただけで、出席簿で頭をたたかれた
記憶があります。

　私がこの章の冒頭でエイミー・C・エドモンドソン教授が示した心理
的安全性の定義には賛同はするけれども、実際にこのような組織風土を
醸成するのは、とても難しいと申し上げた理由はここにあります。幼少
期から培われた精神性を変えるのは簡単ではないということを、ここで
は申し上げておきます。

2 プロジェクト・アリストテレスの研究

1 プロジェクト・アリストテレス概要

　エイミー・C・エドモンドソンと並び、心理的安全性の認知が広がったのは、チャールズ・デュヒッグによる 2016 年のニューヨーク・タイムズ・マガジンの記事が大きく影響しています。記事の内容は Google チームの、通称プロジェクト・アリストテレスの研究結果のレポートでした。

　このプロジェクトは 2012〜2016 年の約 4 年間にわたり、「高い生産性を生むチーム」が持つ成功因子の発見に取り組みました。Google は世界中から優秀な人材を採用していることでも知られています。それでもパフォーマンスの高いチームと低いチームに分かれてしまう、その要因を分析し、成功因子を突き止めたのです。膨大な予算と時間をつぎ込み、エンジニア系 115 チームと営業系 65 チームの合計 180 チームを対象に研究が行われました。そして、この研究結果から導かれた第一の成功因子が心理的安全性だったのです。

2 プロジェクト・アリストテレスの研究内容

　当初は以下の仮説をもとに公私にわたり大規模かつ徹底的なモニタリングが行われました。
・リーダーのカリスマ性
・学歴や趣味などの共通点
・内向性、外向性などの同じ特性を持つメンバーでチームを構成
・メンバーはプライベートでも親しい関係性を持っている
・特定の報酬によるモチベーションの高まり
・社員一人ひとりの生活リズムや思考パターンの法則性

・チームメンバーが共有した時間の長さ

・チーム内の男女比率、など

　しかしどれも決定的な要因ではありませんでした。やがて研究を進めるうちに、個人の生産性の合計とチームの生産性には相関関係がなく、チームの生産性を高めるには「集団的知性がいかに生まれるか」という視点が重要であること、そのためには以下の2つの集団規範が鍵になることが明らかになりました。

・「均等な発言機会」の創出

　　メンバー全員が均等に発言できる環境の構築が、生産性の高いチームにつながる

・「社会的感受性」の高さ

　　他者の感情を顔色から読み取る能力、自分の発言が相手に及ぼす影響を理解し、相手の表情や言動を見て、思いを読み取ることができる

　　さらに研究を重ね、高いパフォーマンスを発揮しているチームは以下の5つの因子と相関していることを特定したのです。

① 心理的安全性が高いこと：対人関係で不安を感じることはない。自分の過ちを認めたり、新しいアイデアを披露したりしても馬鹿にされることはないと確信できる。

② 信頼性が高いこと：メンバーのパフォーマンスを信頼している。だから問題が起きても他責にはしない。

③ 構造が明瞭であること：仕事の目標やプロセスはメンバーに共有されている。個人もチームもやり甲斐のある、達成可能な目標が設定されている。

④ チームの仕事に意味を見出していること：仕事に対して目的意識を持っている。しかし仕事の意味は家族を支える、報酬を得るなど人それぞれである。

⑤ チームの仕事が社会に対して影響をもたらすと考えていること：仕事は組織においても社会においても意義があると思えるものである。

　最終的にプロジェクト・アリストテレスは、上記 5 つの中の 4 つの因子（②③④⑤）が機能する土台となるのが心理的安全性（①）だと結論づけました。言い換えれば、心理的安全性が担保されなければ、他の 4 つは因子があっても十分に発揮されないということになります。ちなみに、プロジェクト名にもなっている古代ギリシャの哲学者アリストテレスは「全体は部分の総和に勝る」という言葉を遺しています。このことからも、Google にはもともと「仕事はチームでするもの」という考え方が根づいている様子がうかがえます。

3 オーセンティック・リーダーシップ

　心理的安全性とともに、リーダーに求められるあり方も時代とともに変化しています。私は拙著『「グチ活」会議　社員のホンネをお金に変える技術』（日本経済新聞出版）において、本音にこそ力があり、リーダーはメンバーの本音を引き出せるかどうかが鍵であると述べました。そのためには、心理的安全性を醸成するとともに、オーセンティック・リーダーシップをいかに発揮できるかがポイントになると思っています。

■1 オーセンティック・リーダーシップとは

　オーセンティックとは「本物の」「正真正銘の」「真の」という意味です。転じて「自分らしさ」という意味で使われています。つまり、オーセンティック・リーダーシップとは「自分らしいありのまま」のリーダーを意味します。2015 年 1 月号のハーバード・ビジネス・レビューでも、オーセンティックであることはリーダーシップの王道になったと結論づけられています。

　この背景には、時代の変化とともに、働き方やリーダーシップへの考えが変わってきたことも関係しています。これまでは、カリスマ性や影響力、求心力などの要素がリーダーに求められてきました。また、メンバーもリーダーに対し判断を仰ぎ、回答を求めてきたのです。

　しかし、日本はバブル崩壊後、30 年以上停滞したまま、VUCA と言われる不透明な時代に突入してしまいました。コロナ・パンデミックに象徴されるように、この先どうなるかは誰にも読めないし、正解を持っていないのです。このような状況下では、むしろこれまでの成功体験が弊害になることもあるでしょう。

　一方で社会のデジタル化が加速し、膨大な情報の渦の中で、リーダーは常に選択を迫られ、意思決定をしていかなければなりません。もはや、

リーダー一人に最適な意思決定を迫るのは不可能だと認識するべきです。リーダー自身もそろそろ強がりの仮面を外し、本来の自分をさらけ出し、弱みや失敗を見せていく勇気を持つことが必要なのです。リーダーがそのような自分らしく、嘘偽りのない態度を示すことで、同じようにメンバーも自分らしくいられるようになります。つまり、お互いの自己が開示されるほど、心理的安全性が高まっていくのです。

　すべての組織には目的と目標があり、その達成が求められます。組織を有機的につなぐためには、やはりリーダーの存在は必須です。そして、そのリーダーの言動や振る舞いがチームのパフォーマンスに影響するのです。心理的安全な場を作るのは、リーダーのあり方にかかっています。

　しかし、自分らしさが効果を発揮するためには、いくつかの条件があります。以下でオーセンティック・リーダーシップに求められる能力について解説します。

2 オーセンティック・リーダーシップに必要な能力

　オーセンティック・リーダーシップの提唱者の一人であるハーバード・ビジネス・スクールのビル・ジョージ教授は、オーセンティック・リーダーシップには以下の5つの特性があると示しました。

① 自分の目的を理解している

　　自分の目的を明確に理解しており、モチベーションを高く維持できるような夢や目標を持っている。

② 自分の価値観や倫理観に基づいて行動している

　　自分の価値観や倫理観をしっかりと理解しており、全体のモチベーションを高められるような、ぶれない価値観に基づいた行動ができる。

③ 真心を込めて部下をリードできる

　　部下からの信頼を得られるように、自分が誠意ある姿勢を見せてリードできる。

④　良好な人間関係を築ける

　　　周囲の人々と良好な関係を築き、活気ある環境を作り上げられる。
⑤　自分を律せる

　　　自分自身を律することができ、常に学ぶ姿勢を持っている。

　上記の項目からも分かる通り、オーセンティックとは確かに「自分ら
しく振る舞う」ことではあります。しかし、自分の弱さをさらけ出すと
同時に、明確な目的と目標を掲げ、その実現に向けてメンバーを導くと
いう両面を目指すことなのです。そのためには、リーダーの透明なあり
方こそがメンバーから信頼され、メンバーを動かす動機になるのです。
　そして、オーセンティック・リーダーシップとは「自分らしさを貫く
リーダーシップ」とも定義されます。自分らしさは自分勝手とは違いま
す。心理的安全性を高め、リーダーが自分らしくいるだけでは、生ぬる
い組織になるだけです。その土台をベースに、顧客や社会へ貢献すると
いう志がメンバーを導くのです。
　以上が、心理的安全性の概念と背景の要諦です。最後に、心理的安全
性を高めるために求められるリーダー像を解説しました。次章では欧米
企業と日本企業の違いについて、産業の発展の歴史を振り返りながら、
考察していきたいと思います。

20

第 1 章　まとめ

■ハーバード・ビジネス・スクールのエイミー・C・エドモンドソン教授が提唱する心理的安全性とは「みんなが気兼ねなく意見を述べることができ、自分らしくいられる文化」のことである。

■心理的安全性が脅かされると、フォルクスワーゲンのディーゼルゲート事件に代表されるように、ミスを隠蔽するという行為に走る。

■組織人は日常的に以下 4 つの自己印象操作を無意識に行っており、心理的安全性が脅かされるとさらに強くなる。

　・自分は「無知」だと思われたくない。だから必要なことでも質問をせず、相談もしない

　・自分は「無能」だと思われたくない。だからミスを隠したり、自分の考えを言ったりしない

　・自分は「邪魔」だと思われたくない。だから助けを求めず、不完全な仕事でも妥協する

　・自分は「否定的」だと思われたくない。だから是々非々で議論をせず、率直な意見を言わない

■Google が行ったプロジェクト・アリストテレスは、パフォーマンスの高い組織を研究して、その要因を以下のように特定した。

　①　心理的安全性が高いこと

　②　信頼性が高いこと

　③　構造が明瞭であること

　④　チームの仕事に意味を見出していること

　⑤　チームの仕事が社会に対して影響をもたらすと考えていること

　上記の中でも、①の心理的安全性が他の 4 つの要因を支える土台である。

■心理的安全性の高い組織を作るためには、「自分らしく」あるというオーセンティック・リーダーシップが有効である。オーセンティック・リーダーシップには以下の 5 つの特性がある。

① 自分の目的を理解している

② 自分の価値観や倫理観に基づいて行動している

③ 真心を込めて部下をリードできる

④ 良好な人間関係を築ける

⑤ 自分自身を律せる

　VUCA の時代には、一人のリーダーの意志決定に依存することは難しい。リーダーもミスをするし分からないこともあるという前提に立ち、本音で語り合う組織風土を作ることが求められている。

第2章
欧米と日本の組織づくり

1 欧米における産業の発展

　まずは、欧米型組織について二人の象徴的な人物に焦点を当てながら考察していきます。一人目は「科学的管理法の父」と言われたフレデリック・W・テイラーです。日本の産業界も、トヨタ自動車を始め多くの企業がテイラーから多大なる影響を受け、今日の発展につながっています。ここでは、彼の功績と思想を見ていきましょう。

1 フレデリック・W・テイラー

　フレデリック・W・テイラーは、1856 年にアメリカのペンシルベニア州フィラデルフィアの裕福な家庭に生まれました（1915 年没）。実業家として大きな成功を収めていた祖父と弁護士の父という恵まれた家庭で育ちました。父の跡を継ぐために、ハーバード大学の法学部に入学しますが、目の病気により大学を諦め、弁護士への道を断念することになります。

　その後、1874 年に機械工見習いになり、工場運営についての技術と知識を深めていきました。エンジニアとしての資格を得た彼は、フィラデルフィアのミッドベール・スチールに作業者として就職します。そこでは工作機械の改良や作業工程の改善を行いながら、当時の職場に蔓延していた「組織的怠業」に問題意識を持ち、その改革と同時に労働コストの削減を成し遂げました。

　その功績が高く評価され、主席技師（職長）に昇進します。その後、いくつかの会社で工場管理を経験し、ベスレヘム・スチールに移ります。そこで管理の再編成を試み、労働者の作業や道具の標準化をはかります。その結果、生産性の向上には事前の計画が重要であるという考えに至り、計画立案の専門部署を設置しました。

　以後、科学的管理法の研究を進め、体系化に努めたのです。テイラーの晩年は、科学的管理法の導入に反対する労働勢力からの批判に対して、

科学的管理法の有効性と正当性を証明する活動に注力しました。この内容については、詳細を後述します。

①科学的管理法の概要

　科学的管理法の内容について解説します。第一のポイントは、組織における計画と執行の分離という概念を打ち立てたことです。ここで言う計画とは、組織の頭脳的活動のことで、執行とは実際の業務を行う肉体的活動のことを指します。テイラーは作業の計画と統制に関わる仕事は計画部が専任し、そこで立てた計画を労働者に指示するとともに、その遂行を監督する職能的職長を置くという管理組織を構築しました。そして、計画部は次の 3 つの要件に従って計画を立案します。

a　課業管理・・・達成すべき最大限の作業量を策定し管理する

b　標準的作業条件・・・時間研究に基づいて、作業の物的条件と作業
　　　　　　　　　　　動作を標準化する

c　差別出来高給・・・労働者の作業の成果によって、支給する賃金を
　　　　　　　　　　差別する

　特に、テイラーは、自身の論文にて「近代科学的管理においてもっとも重要な要素は、課業理念である」と述べています。つまり、計画と執行の分離という前提において、労働者に与える課業をいかに科学的に分析し、それを提示できるかによって科学的管理法の有効性は大きく変わると定義したのです。そして標準的作業条件や差別出来高給は、与えた課業を達成させるための必要条件であると位置づけています。

②組織的怠業の払拭

　この時代の労務管理は、いわゆる「成行管理」によって行われていました。つまり、労働者自身の判断でその日の生産量を決めていたのです。作業量やスピードを労働者に任せる成行管理では、生産における裁量は経営者ではなく労働者に帰属します。また、内部請負人とも呼ばれる職

人や親方らは、単純に生産した製品の品質と数量のみを基準として報酬を受け取っていました。

　ところが、このような労働者任せの成行管理では「組織的怠業」という問題を生み出します。組織的怠業とは、労働者が結束し、一つの集団としてほどよいレベルまで生産量を落とし、なるべく労力を減らそうとする集団的特性のことです。組織的怠業は「楽をして儲けたい」という欲求を集団で共有することで生まれます。そして、組織的怠業では誰かが突出して高い成果を出すことで、労働者側が持つ余力を経営者側に露見させることを嫌うという特徴があります。

　テイラーが意図したのは、成行管理による組織的怠業を解決し、それまで経験と勘をもとに行われていた作業を科学に基づく管理へと変革することにありました。テイラーは、労働者をただ馬車馬のように働かせて使用者の利益の拡大を目指したのではなく、労使の利害は一致するという信念の下に、労使双方の繁栄の実現を目指していたのです。

　つまり、科学的管理法の背景にある思想は、生産性を向上させることで利益を拡大し、使用者と労働者双方の取り分を大きくしようという取り組みだったのです。

③科学的管理法へ思想的批判

　以上のように、科学的管理法は、当時の産業界の生産性を大幅に向上させるものでした。しかし、一方で労働者に対しては、自己管理や主体性を認めず、課業管理と差別出来高給によって働くことを強要するものであり、労働者の権利を一部制限するような制度であるという批判を受けています。当時のアメリカの労働組合も、労働者への強制的管理手法であると厳しく批判しています。実際に労働争議に関する公聴会において、科学的管理法の功罪について追及された事実もあるのです。

　このように、科学的管理法は労使それぞれに賛否両論あるものの、産業革命以降、機械化急伸の反作用で成り行き経営による怠業が頻発した19世紀末の経営管理の停滞に、一石を投じました。現代の大量生産方

式の礎を築くという偉業を成し遂げた人物だとも思います。現代において
も経営者と労働者、管理者と実務者の関係にはたびたびこのような見
解の相違が起こります。労使の階級的差別感を拭い去るのは難しい課題
です。しかしこの二項対立から抜け出さない限り、この論争は終わらな
いのです。

2 ヘンリー・フォード

　テイラーの科学的管理法に影響を受け、それを応用し、発展させた人
物としてヘンリー・フォードが挙げられます。1900 年代初頭自動車は
高価で、一般大衆には手の届かないものとされていましたが、フォード
が高い生産性と低コストを両立させ、大量生産を実現しました。結果と
して誰にでも手に入れられる価格を実現し、自動車の一般大衆への普
及に貢献しました。フォードの生産体制が確立されたのを機に、米国の
モータリゼーションが始まったのです。

①ヘンリー・フォードの功績

　ヘンリー・フォード（1863〜1947 年）はミシガン州ディアボーンで
農場経営する一家の長男として生まれました。16 歳で高校を中退して、
デトロイトで見習い機械工として就職します。その後、28 歳の時にエ
ジソン照明会社へ技術者として入社しました。その仕事を続けながら、
フォードは独自に 4 輪自動車の製作に取りかかり、37 歳でデトロイト
自動車会社を設立します。

　しかし、生産したクルマは高価な割には低品質で不評だったため、
1901 年に解散となりました。その後、フォードは農民でも車に乗れる
低価格を目標に、再び 1903 年にフォード・モーター・カンパニーを設
立します。1908 年、ついに念願の低価格で扱いやすい T 型フォードの
発売に漕ぎつけました。当時、富裕層相手の手づくりの自動車が 3,000
〜4,000 ドル、他社の T 型フォードと同じクラスの車が 1,000 ドルを

超える価格だったのに対し、825 ドルという低価格を実現したのです。
（当時はアメリカ人の平均年収は 600 ドル程度）

　さらにフォードは開発のみならず、主要都市に直接販売店を設けて
販売網を整備。T 型フォードは認知度を上げ、市場に普及し始めます。
1914 年の販売台数は 25 万台を超え、1916 年の最も安価なモデルは
360 ドルにまで下がり、販売台数が 47 万 2,000 台に達しました。そ
して 1918 年には、ついに米国の自動車の半分が T 型フォードとなり、
単体の販売台数で 1,500 万台を達成します。その後、フォードによる
ライン生産方式は他業界にも影響し、急速な工業化に寄与したのです。

②フォード・システム

　フォード・システムは「少品種大量生産」を基本コンセプトとし、大
量の製品を迅速に効率よく生産できるよう、「標準化」と「移動組立ラ
イン」という方法を確立しました。製品は黒の T 型フォード一車種の
みに限定することで様々な部品を必要とせず、標準化することで一度に
大量の部品を生産し、コスト削減につなげました。同じ作業を繰り返す
ことで生産現場の生産性が上がり、コストダウンが可能になったのです。

　また、工程が標準化されることにより、生産業務に精通していない非
熟練工の雇用も許容できたのです。その後も、安価でかつ量産できる体
制の確立に尽力し、組立作業から生産方式の改善を手がけていきました。
1913 年、それまで静止した状態で自動車部品を組み立てていた方式か
ら、ベルトコンベアによるライン生産方式に変更し、一気に生産能力を
強化していったのです。

③フォード・システムの限界

　フォード・システムにもいくつか問題がありました。第一の問題は、
極端な分業と標準化を進めたことにより、労働が単調な作業の繰り返し
となり、労働者のモチベーションの低下を招いたことです。結果的とし
て生産力が下がり、離職者が続出するという問題に発展しました。

　第二に、人々の生活が豊かになり、消費者ニーズが多様化したことで、結果として黒の T 型フォード一車種しか生産していなかったことが裏目に出て、徐々に消費者が離れていってしまったのです。つまり、当初は自動車を持つことそのものに満足感を得ていた人たちが、次第に他の人とは異なる自動車を希求するようになっていったのです。それでもフォードは T 型フォードの生産に固執し、量産効果によるコストダウンを極限まで追求したものの、フォードの競争力は急速に低下していったのです。

　今でこそ、消費者ニーズは変化するというセオリーは商品開発の基本として理解されていますが、この時代はそれまでの成功体験に固執してしまうこともあったのでしょう。しかしフォード・システムの登場が、産業革命や今日の生産システムに大きな影響を与えたことは間違いありません。

④フォードの思想

　テイラーの科学的管理法同様に、ヘンリー・フォードへの批判的な意見もあります。しかし根底にある思想はやはり、偉大であったと言わざるを得ません。彼の思想は、資本家が「営利主義」によって労働者から搾取するのではなく、むしろ労働者に高い賃金を払い、これまで高価だった自動車を低価格で販売し、農民でも買えるようにすることでした。

　その結果として経済全体を豊かにすることを考えていたのです。この思想が単なる理想主義ではなかったことは、一日平均 2 ドル 40 セントだったフォードの給与が、1914 年には最低賃金として 5 ドルに引き上げられた事実からもうかがえます。この思想がいかにもアメリカ的なのは、日本的思想の「三方よし」や「徳」という概念からではなく、経済合理性の観点から説明されていることです。つまり、労働者は同時に消費者であり、彼らの財布を厚くすることで、自動車の需要が増えるというシンプルな根拠から生まれたものでした。

　当時の多くの資本家は、車は富裕層が乗るもので、労働者をできる限

り安く使い、自分たちの利潤を得ることを目的としていました。フォードは、資本家の営利を目的にするのは間違いで、労働者を豊かにすることが需要の創造につながるという考えを終始貫いた世界初の経営者であったと言えます。

　日本は1990年代以降の失われた30年間で、平均年収は下がり続けています。コロナ禍により給与はさらに下がり、一方で物価は上がるというスタグフレーションの真っただ中にいます。フォードの慧眼に今一度触れることで、これからの日本のあるべき方向性が見えてくるのではないでしょうか。彼のこの思想の一節を『藁のハンドル』（竹村健一訳／中公文庫 P78）から抜粋します。

　「企業はそこに関係するあらゆる人々に報いるべきであり、また企業内で用いられているあらゆる要素に対して、報酬を支払うべきである。つまり、経営者の頭脳に対し、生産技術に対し、また労働者の貢献に対して支払いをするべきである。一方、また信頼して企業を支えている大衆にも報いなければならない。売り手はもちろんのこと、買い手のためにも利潤を生まない企業は、よい企業ではない。ある人が物を買うより、買わずにいたほうが裕福であるというのは、どこかまちがっている。取引の結果、売り手と買い手のいずれもが、何らかの形で以前よりも裕福になっていなければならない。」

3 エルトン・メイヨーの「ホーソン実験」

　「ホーソン実験」とは、ハーバード・ビジネス・スクールの教授であり、後に「人間関係論の父」と呼ばれるエルトン・メイヨーと、その同僚のフリッツ・レスリスバーガーらによって行われたものです。

　この実験は、アメリカのシカゴにあるウェスタン・エレクトリック社のホーソン工場で1924年から1932年に行われました。労働者の心理状況や個人的な人間関係が生産性に影響を与えることを示した、当時としてはとても画期的な実験だったのです。

　なぜならこの時代は、前述した科学的管理法やフォード・システムに代表されるように生産性の向上に躍起になり、大量消費で利益を上げるには、いかに効率よく生産性を上げていくかが主眼となっていたからです。

　しかし、科学的管理法で大量生産が可能になった一方、労働者側には様々な問題が生じていました。例えば、単純作業が増えて熟練労働者が不要になり、非熟練労働者でもできる仕事が大半となったのです。

　一方、細分化された単調な作業の反復と連続に労働者は嫌気が差し、無断欠勤や離職が新たな問題として浮上しました。

　それに対して、エルトン・メイヨーらは、「人間は社会的な生き物であり、賃金や就労時間といった個々の要素で一面的に労働者の心理を測るのではない。ゆえに、人間関係全体と個々人の就労態度を慎重に研究すべきである」と主張したのです。そして、ホーソン工場でエルトン・メイヨーらが行ったのは、次の 4 つの実験でした。

①照明実験

　これは、労働環境が生産性に影響するかどうかを調べるための実験でした。具体的には、被験者集団を 2 グループに分けた上で片方は照明を一定に保ち、もう片方は徐々に照明の明るさを変化させ、それぞれの作業効率を観察するというものでした。

　結果は、明るさが一定でも変化しても、一定時間が経過すると作業効率が徐々に上がり、照明と生産性は関係しないという結論に至りました。

②組立実験

　これは、疲労と効率の関係を調べるための実験でした。無作為に女性 6 名を選び出し、休憩時間と就業時間を変更したり、部屋の温度や賃金を変えたりしながら、彼女たちに継電器のリレーをさせました。

　最初は賃金や休憩時間といった条件を改善することで作業効率も上がったのですが、その後に労働条件を元に戻しても効率が悪くなること

はなかったのです。

　さらに調査を進めると、職場に共通の友人がいたり、良好なコミュニケーションが取れたりしていると、チームの連携が強化され、モチベーションの向上やパフォーマンスの発揮につながることが分かりました。

　つまり、ここで人間関係が作業効率に影響することが証明されたのです。この実験結果は後に、マサチューセッツ工科大学教授だったダニエル・キムが唱えた「組織の成功循環モデル」にも影響を与えたと思われます。この理論については、後述します。

③面談実験

　これは、賃金制度や就業時間よりも、管理体制のあり方が作業効率に影響を与えるのではないかという仮説の下に行われた実験です。2万人の従業員の面談を行いましたが、面談の結果、従業員の満足度は賃金や就業時間といった客観的な労働条件よりも、個人の主観的な好みや感情に左右されやすいということが分かりました。同じ条件であってもある者は満足だと言い、ある者は不満を述べたのです。

　このことから、従業員の態度や行動は感情によるところが大きく、満足度は単に相互関係や社会組織内の居場所だけでなく、その人の感情や欲求を考慮した上で測らなければならないという結論に至りました。

④バンク配線作業実験

　「バンク」とは当時の電話交換機のことです。この実験では、従業員を職種でグループ分けし、バンクの配線作業を行わせ、その成果を観察しました。この実験結果により、現場には小さなグループがあり、それが社会統制機能を果たしているという仮説が立てられました。さらに従業員同士の関係が作業にどのような影響を与えているかも観察対象となりました。

　この実験では、仮説の通りインフォーマルな組織の存在が発見されました。さらに、上司や部下、担当作業を行う上での関わりの有無に関係

なく、インフォーマルな組織が形成されていたのです。

　さらに、労働者は自分の持てる力をすべて出し切るのではなく、状況や場面に応じて労働量をコントロールしていることが分かりました。これは、労働量を増加すると、今後の作業水準が引き上げられたり、賃金単価が下がったりして、人員削減で仲間の誰かが犠牲になることへの配慮からです。つまり組織の人間関係が、生産性や製品の品質に影響することが判明したのです。

　これらの実験結果から、人の物理的な環境だけでなく、感情や意志、他者との関係性が生産性に影響することが証明されたのです。

４ 組織の成功循環モデル

　ホーソン実験は、ダニエル・キムが提唱した理論にも影響を与えたと前述しましたが、この理論は、組織が成果を上げ続け、成功に向かう仕組みを明らかにしたものです。すでに成功している組織を調査研究することにより、その成功要因を導いた理論になります。

　この理論は、以下のようなモデルに表されています。

　組織に所属するメンバー間の「関係の質」が高まると、「思考の質」が高まり、それが「行動の質」につながって、よい結果を生み出すというものです。それによってさらにメンバー相互間の信頼が深まり、関係の質が向上するとされています。この好循環が成功への原動力を高め、組織に持続的な成長をもたらすとダニエル・キムは指摘しています。

　なお、この組織の成功循環モデルには、好循環と悪循環の２種類があります。以下、それぞれの循環を見ていきましょう。

　組織の好循環が作られるのは、具体的には以下のような場合です
・関係の質：チームの関係性がよく、お互いに認め合っている
・思考の質：関係性がよいので、対話を通してよいアイデアが湧いたり、
　　　　　　助け合いの思考が生まれたりする。

関係の質＝成果の関係

関係の質

結果の質　　思考の質

行動の質

マサチューセッツ工科大学　ダニエル・キム教授

✓ 好循環モデル
①関係の質
　対話重視。率直に話し合う場を作り、信頼関係を築く
②思考の質
　前向きな気持ちになり、いいアイデアが生まれる
③行動の質
　一人ひとりが自律的に行動、問題が起きたら助け合う
④結果の質
　自然にパフォーマンスが高まり、成果が出る
⑤関係の質
　組織への帰属意識が高まり、さらに結束が深まる

✓ 悪循環モデル
①結果の質
　無理に結果を上げようとすると、人への強制が増える
②関係の質
　メンバーにストレスがかかり人間関係が悪くなる
③思考の質
　疑心暗鬼に陥り、結果以外のことに無関心になる
④行動の質
　短期的な成果作りに走り、メンバー間の協業も減る
⑤結果の質
　パフォーマンスが落ち、さらに予算必達の圧力が強まる

図表1　組織の成功循環モデル

・行動の質：上記の結果として、積極的かつ効果的な行動が生まれる
・結果の質：質の高い行動によって、売上や利益などの結果が向上する
・関係の質：よい結果により、チームの関係がよくなる、という流れが
　　　　　　循環する

　グッドサイクルの特徴は、「関係の質」を高めるところから始めていることです。

　メンバーの相互理解を深め、お互いを尊重し気づきを得ることで、「思考の質」が向上します。そして面白いと感じることで、メンバー自らが自発的に考えて積極的に行動を起こすようになり、「行動の質」も向上します。その結果、「結果の質」が高まって成果が得られ、その実績が再びメンバーの信頼関係を強化するため、「関係の質」がさらに向上していくというサイクルになっています。

　組織の悪循環は、「結果の質」から始まります。結果だけを追い求め、目先の数字を向上させることのみに執着し、思うように成果が出ない場

合は、以下の悪循環に陥ります。

・結果の質：売上や成績が下がる

・関係の質：上司と部下の間や、部門間の関係が悪化する

・思考の質：責任のなすり合いや、失敗を恐れる思考になる

・行動の質：部分最適の行動や消極的な行動が生まれる

・結果の質：さらに売上や成績が下がるという流れとなる

　多くの会社では、この悪循環を解消するために「結果の質」から逆回りに改善を試みます。

　「結果の質」が低下すると、それを何とか向上しようとするあまり、押しつけやパワハラめいた指示や命令が横行し、社員の行動統制が始まります。

　例えば、マイクロマネジメントが強くなり、心理的安全性が担保されずに、「関係の質」が悪化し、メンバーは仕事を面白いと感じられなくなります。結果として、自ら考えることをやめて受け身になってしまい、「思考の質」が低下します。

　そうなるともはや自発的・積極的に行動しなくなり、「行動の質」が

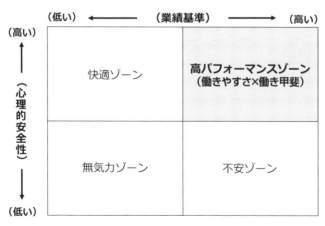

図表 2　心理的安全性と業績基準の相関

下がり、成果が出ません。

　好循環をもたらすためには、「関係の質」を改善していくことが、遠回りのように見えて近道であると、ダニエル・キムは論じています。

　「結果の質」を上げるためには、「関係の質」を高める必要があるというこの理論には、私ももちろん賛同します。しかし注意したいのは、人間関係だけにフォーカスをしても、成果が出ないことがあるということです。人は「働きやすさ」のみならず、「働き甲斐」があってはじめて貢献意欲が湧いてくるものです。組織の好循環を生み出すためには、社内の関係性とともに、顧客や社会への貢献にも目を向ける必要があるということです。つまり、内と外の両方の基準を高める必要があります。人間関係を重視するあまり、単に生ぬるい組織が出来上がってしまう場合もあるということを、ここでは補足しておきます。

2 日本的経営の特徴

　戦後の日本の歴史を振り返ると、高度経済成長期（1955～1973年）、安定経済成長期（1974～1984年）、バブル景気（1985～1990年）、失われた30年（1991年～現在）に分類されます。高度経済成長期から安定経済成長期を「日本的経営が機能した」時代とし、ジャパン・アズ・ナンバーワンを謳歌したバブル時代、そしてその後の失われた30年をそれぞれ端的に振り返りながら、現在の特徴につなげていきたいと思います。

1 日本的経営を支えていた家族主義 （高度経済成長期から安定経済成長期）

①欧米の勤労観

　前述した2人の偉人、テイラーとフォードに代表されるアメリカ産業の発展は、日本にも多大な影響を与えました。戦後、その技術やノウハウを学び、活かすことで日本が発展してきたのは間違いありません。

　しかし、欧米の仕事観はやはりどこか非人格的な組織作りがベースになっているように思います。その背景として、働くことは人間が生まれながらにして持っている罪を償うためであるというキリスト教の解釈があります。その内容は、アダムとイヴが神に禁じられたリンゴを食べたことで、アダムは食べものを自分で耕して作るという罰が与えられ、その罪を償うために人間は苦しみを引き受けなければならない。つまり、「働くことは苦しみである」という考え方が背景にあるというのです。

　旧約聖書にそのように書かれているのであれば、かなり多くのアメリカ人の信念にもこのような仕事観が組み込まれていると解釈するのは、間違いではないように思います。

②日本的経営の象徴は「家族主義」

　それに対し、「かつて日本は独自の勤労観を持って発展を遂げた」と世界に発信した人がいます。その人物はジェームズ・C・アベグレンです。彼はミシガン州に生まれシカゴ大学を卒業し、フォード財団の研究員として 1950 年代半ばに米国から来日します。1997 年に日本国籍を取得し、2006 年グロービス経営大学院大学の名誉学長に就任するなど、生涯にわたり日本の経営を研究した人物です（2007 年没）。

　彼は 1958 年に出版した古典的ベストセラー『日本の経営』（山岡洋一訳／日本経済新聞社）の中で、「日本を、欧米以外で初めて工業化に成功した国」として紹介しています。この本は当時、日本人も気づいていない日本企業の強みをあぶり出した名著として大変話題になりました。

　この本により日本特有の組織文化として理解が広まったのが、「終身雇用」「年功序列」「企業内労働組合」の三種の神器と言われるものです。

　また、この本が出版されたのが、ちょうど高度経済成長期（1954 年 12 月～1973 年 11 月）に突入した時期と重なったために、後にアベグレンの慧眼が高く評価されました。そして、この三種の神器こそが、1980 年代の日本をジャパン・アズ・ナンバーワンに押し上げた原動力だったとも解釈されています。

　この日本的経営の精神性を一言で述べるなら「家族主義」です。いったん会社に就職をしたならば、定年まで勤め上げることが「当たり前」とされる時代でした。個人はプライベートよりも仕事を優先し、会社に忠誠を尽くす代わりに、定年までの生活が保障されるという関係性です。

③松下幸之助のエピソード

　当時の考え方を分かりやすく説いたのが、経営の神様と言われた松下電器産業（現パナソニック）の創業者である松下幸之助翁です。次の彼のエピソードはあまりにも有名です。

　1929 年に世界恐慌が勃発した際、多くの企業が倒産し、失業者が街にあふれ返っていました。松下電器も同様に売上が半分以下に激減し、

倉庫は在庫であふれ、創業以来の深刻な危機に直面していました。当時、病気で入院していた松下幸之助のもとに、経営幹部らがその対策として人員削減の案を申し出に行った時のことです。その案を聞いた松下幸之助は即座にこう述べたと言います。

「1人といえども解雇したらあかん。会社の都合で人を採用したり解雇したりでは、働く者も不安を覚えるやろ。大をなそうとする松下としては、それは耐えられんことや。みんなの力で立て直すんや」

その後、松下幸之助は、工場は半日勤務とするが、給料は全額支給し、代わりに休日返上で在庫品の販売に全力を挙げることを指示しました。そして、その号令を意気に感じた社員は奮闘し、松下電器は危機を見事に乗り切ったというのです。

このエピソードに象徴されるように、日本的経営とは、どんなに苦しくても一致団結して苦境を乗り越え、さらに団結力を上げていくという精神性を帯びていました。分かりやすく表現すると、この時代は「会社のために個人がある」と考えていたのです。会社の発展は個人の幸せであるという思想が根底にあったように思います。

④特徴的な家族主義の事例

その時代の象徴的な例をいくつか挙げると、結婚式では上司にお仲人を依頼し、その後は家族ぐるみで一生のお付き合いをするという考え方が一般的でした。仕事が終わらなければ、当然残業で賄います。サービス残業もいとわずに、仕事をせっせとこなしていました。しかし、時に残業よりも（仕事よりも）上司のお誘いを優先し（断れず）、アフターファイブ（飲み会）のお供をするのが当たり前だったように思います。

私もサラリーマン時代は、入社してから結婚するまでは会社が借り上げてくれた独身寮に住み、結婚後は社宅に移動して会社の方々と家族ぐるみのお付き合いをしていました。多少の窮屈さはあったものの、それが「普通」でしたので、むしろやり甲斐と充実感を持って過ごしていたように思います。

そして、時に上司からの「今日は無礼講だ！」という掛け声のもとに催される宴席もあり、日頃から溜まっていたうっ憤をその時ばかりは発散させることができました。

　上司も日頃の部下のストレスを理解していて、意図的に憂さ晴らしをするような機会を設けていたのです。封建的な窮屈さを補いながら、絶妙なバランスを取っていた時代でもあったように思います。私も若かりし頃は、「昨日は飲みすぎてしまい大変ご無礼を……」という常套句で上司にお詫びをしていたことを、懐かしく思い出します。

　この私のエピソードは1990年代のことですので、その頃はまだ、この家族主義が日本的経営の基盤として機能していたのでしょう。この時代には心理的安全性という言葉はもちろん、「過労死」「うつ病」「ハラスメント」という言葉もありませんでした。家族主義経営の中で日本が経済成長していましたので、「経済的安全性」が担保されたよき時代だったとも言えます。

2 バブル時代

①バブル時代の思い出

　1985年から1990年までの5年間は「バブル時代」と呼ばれています。私はこの時代に社会人になりましたので、まさにバブル入社組にあたります。この頃は各社、非常に多くの採用枠があり、就職は売り手市場でした。中には「入社してくれた方には車をプレゼントします」という大胆な広告で学生を集めた企業もありました。それだけ多くの人を採用しても、企業が潤っていた時代だったということでしょう。

　その頃の代表的な採用方法を2つご紹介します。

　1つ目は、当時はどこからか個人情報が流出し、就職活動の時期になると、民間の人材採用支援会社から大量の企業情報が詰まった段ボール箱が勝手に自宅に届けられました。その中から自分が希望する企業を選び、志望理由を書いたハガキを投函、企業説明会のアポイントを入れる

という非常にアナログなエントリー方法でした。学生としては、どれだけ多くの企業にハガキが出せるかと、どれだけ魅力的な志望動機を書けるかが勝負となりました。

　2つ目は、若手社員が母校のゼミやサークルを回り、後輩を勧誘するというリクルート（採用）方式です。もちろん、この方式でも人事部の面談を通過する必要はあるのですが、学生としては直接社内事情を聞くことができるので、有利な面もありました。人事部以外の部署の若手も借り出して、学生の採用に血眼になっていた時代だったと言えるでしょう。

　また、晴れて採用となり入社すると、一定の研修期間を経て、それぞれの部署に配属となります。当時の味の素の場合は、一定の新入社員研修を終えた後、ゴールデンウィーク明けに配属となりました。私は営業部に配属となりましたが、配属直後からコーポレートカードを持たされ、営業の接待費用を自由に（裁量の範囲で）使用することが許されていました。

　社員旅行も、旅行代理店を通して年に2回ほど行っていましたし、クリスマスにはホテルで、全社を挙げた盛大なパーティが催されました。今振り返れば、まさにバブルの時代を体験していたのだなぁと感慨深い想いです。

②バブル経済に移行した経緯

　ここではバブル経済がなぜ始まり、どのような経過で成立していったのかを解説します。

　まず、同じような経済的勃興期の高度経済成長期とバブル期の違いを整理しておきましょう。

　高度経済成長期は日本のインフラが整い、実質平均で年率10％を超える経済成長を遂げた時代でした。それは1972年に当時の首相、田中角栄が発表した政策綱領「日本列島改造論」に象徴されます。「日本列島を高速道路・新幹線・本州四国連絡橋などの高速交通網で結び、地方

の工業化を促進し、過疎と過密の問題を解決する」という世界が、みるみると現実化していった時代だったのです。公共機関などのインフラが整い、国民所得は増え、経済的豊かさを実感できた時代だったと言えるでしょう。

　一方、バブルの時代は本来の価値以上に土地や株が高騰し、まるで泡が膨れ上がるように日本の資産価値も膨れ上がった時代でした。ゆえに、誰もがいつかバブル（泡）は弾けると確信していた時代でもあります。そのような違いを踏まえた上で、バブルが始まったきっかけを端的に述べるなら、1985年9月22日のプラザ合意だったと言えます。それまでの円安ドル高を、円高ドル安に移行することがここで決定されたのです。結果として、直前の9月20日の為替レートが1ドル240円台だったものが、1年後には1ドル150円台にまで急騰しました。この大幅な円高により、それまで好調だった輸出事業がそれ以前よりも不利になったことで、経済は内需拡大に矛先を向けることになったのです。

③政府の刺激策

　当時、バブルを加速した政府の景気刺激策として、中央銀行（日銀）はその他の銀行に貸し出す金利を5％から2.5％へと大幅に引き下げました。これにより、銀行は企業に対して今までよりも低い金額で融資できるようになり、企業は活発にお金を借り入れ、投資を行いました。この時、投資の主な対象となったのは「土地」でした。これにより、実業以上に投資で利潤を上げる企業も多く出現し、企業も個人もお金を右から左に動かすだけで、まさに「濡れ手に粟」で儲けが膨らんでいく時代になったのです。

　このような事態に発展していった背景には、「土地神話」という考え方が根底にありました。土地神話とは「土地は時間が経てば必ず値上がりする」という発想です。事実、それまでの日本の土地は上がり続けていました。この神話をベースに銀行も与信枠を超えた貸し付けを繰り返し、日本中がお金に沸く連鎖が広がっていったのです。このバブル時代

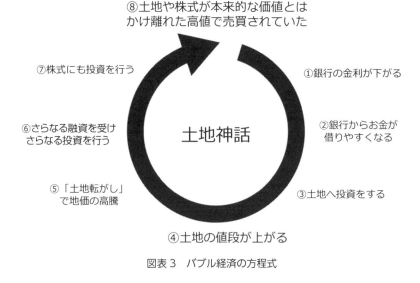

⑧土地や株式が本来的な価値とは
かけ離れた高値で売買されていた

⑦株式にも投資を行う

①銀行の金利が下がる

⑥さらなる融資を受け
さらなる投資を行う

②銀行からお金が
借りやすくなる

土地神話

⑤「土地転がし」
で地価の高騰

③土地へ投資をする

④土地の値段が上がる

図表 3　バブル経済の方程式

の儲けの方程式を分かりすく説明したものが、図表 3 です。

・金利が安くなり、銀行から融資を受けやすくなる

・神話をベースに土地へ投資をする

・結果、土地の値段が上がる

・元々1,000 万円の価値だった土地が 1,500 万円、2,000 万円で売買
されるようになる

・さらなる融資を受け、さらなる投資を行う

・同じような構図で、株式にも投資を行う

・結果として土地や株式は本来的な価値とはかけ離れた高額で売買され
る

　こうして、バブルの 5 年間は投資に沸き、日本の資産価値は膨れ上
がっていったのです。しかし、その後の日本はバブル崩壊をきっかけに、
大きな代償を払わされることになるのです。

④バブル崩壊

　バブルが崩壊したきっかけは、1989 年から 90 年にかけて中央銀行
（日本銀行）が、それまで 2.5 ％だった公定歩合を 6 ％まで引き上げた
ことが要因とされています。このように、金利が上がれば株価が下がり、
土地の値段も下がります。すると、投資家は儲けを最大化しようと一斉
に売却を始め、土地の価格は急落しました。

　この連鎖が始まると、これまで担保として見込んでいた土地の価値が
著しく下落し、銀行は債務を回収できずに大量の「不良債権」を抱える
こととなったのです。その結果、1995 年の兵庫銀行を始め、北海道拓
殖銀行、日本長期信用銀行、日本債券信用銀行などの大手金融機関が倒
産するという事態を引き起こしました。

　具体的な数値で表すと、日本の土地資産は、バブル末期の 1990 年末
の約 2,456 兆円をピークに 2006 年末には約 1,228 兆円となり、およ
そ 16 年間で資産価値の半分が失われたと推定されます。併せて日本の
平均給与所得も、1997 年の 467 万円をピークに 2019 年は 436 万円
と 30 万円近く下落しています（国税庁「民間給与実態統計調査の結果」
より）。

　このように、日本はバブル経済により大きな代償を払うことになった
のです。そして、バブル崩壊から 30 年以上が経過した現在でも、いま
だにその傷は癒えていません。それに加えて、コロナ・パンデミックや
ロシアのウクライナ侵攻の影響で、これまでの各国のサプライチェーン
が毀損し、世界的に物価が高騰し続けているにもかかわらず、日本は給
与が上がらないというスタグフレーションの状態となっているのが現状
なのです。

3 Z 世代の出現

　1995 年から 2010 年頃までに生まれた方々が、「Z 世代」の若者と呼
ばれていることをご存じでしょうか。この呼称はアメリカが世代ごとに

図表 4　各世代の特徴

【団塊の世代】1947〜49 年生まれ
・戦後のベビーブーム世代。学生運動がもっとも盛んな時期に相当。 ・高度経済成長の真っただ中に社会人となり、バブル経済期の頃は日本の「右肩上がり」を実感。 ・少子化が進む中で、団塊の世代が 70 歳代中盤に突入し、医療費など社会保障コストの増大が懸念。
【バブル世代】1965〜69 年頃生まれ
・日本がバブル景気に沸いた、企業の大量採用期に社会人となる。 ・「24 時間戦えますか？」と高らかに謳う栄養ドリンク剤のテレビコマーシャルが大ヒット。 ・長時間労働に疑問を持たず、接待会食、接待ゴルフなどの勤務時間外も仕事の付き合いが当たり前。 ・1986 年に男女雇用機会均等法が施行される。
【就職氷河期世代】1971〜82 年頃生まれ
・「失われた世代」「ロストジェネレーション」とも呼ばれる。 ・バブル経済がはじけ、長期の景気後退局面へ突入。 ・企業が求人を絞ったために正規社員として就職できず、非正規の仕事しか得られなかった人も多かった。 ・非正規社員として低賃金のまま現在 30 代後半〜40 代後半となり社会問題化。
【ゆとり世代】1987〜2004 年生まれ
・授業時間数の削減など「詰め込み教育からゆとり教育へ」の移行の時代に学齢期を過ごした。 ・深夜まで働いて残業代を稼ぐより、ワークライフバランスを重視。 ・学生時代からスマートフォンを使いこなし、横のつながりや「共感」を大切にする。
【Z 世代】1995〜2010 年生まれ
・マイクロソフトが Windows95 を発売し、家庭にインターネットが本格的に普及し始める。 ・真の意味でのデジタルネイティブ。IT リテラシーが高く、SNS の住人と呼ばれている。 ・SNS での情報収集、情報発信、人とのつながりを得意とする。この世代が世界人口の 32 ％を占める。

X世代、Y世代と区分けしていることから、この世代がそう呼ばれるようになりました。日本でも団塊の世代（1947〜1949年）、バブル世代（1965〜1969年）、ゆとり世代（1987〜2004年）と、特徴的に世代に名称をつけてきました。

　私もバブル世代であり、別名「新人類」などとも言われていました。世代の違う先輩方からすると新人が入ってくるたびに「今の若者は何を考えているのか分からない」とささやかれるお決まりのフレーズにより、各世代を特徴的に命名してきたのでしょう。

　しかし多少の毛色の違いはあれども、会社でもまれて経験を積み、同じ釜の飯を食えば、そのうち分かり合えるものだという前提があったように思います。しかし、Z世代と他の世代の隔世感は、これまでとは大きく違うようです。彼らの生きてきた時代を彼らの目線で俯瞰して見ると、以下のようになります。

（Z世代の特徴）
・Z世代が生まれた1990年にバブルが崩壊。
・その後失われた30年に突入し、いまだに日本経済は浮上していない。
・1995年に阪神大震災が起こり、1997年金融危機に陥り、幼少期にこの世の不条理を体感する。
・2000年就職超氷河期に入り、2008年リーマンショックにより世界的大不況になる。2011年東日本大震災が起こり、幼少の頃の阪神大震災の記憶が再び想起される。
・iPhoneが2008年に発売されて、いつの間にかデジタルネイティブに。
・SNSを使いこなし、非対面のコミュニケーションのほうが、日常となっている。
・さらに、SNSの世界は上下のタテ社会ではなく、ヨコの社会でありムラ社会である。
・彼らのバイブルは、世界で累計発行部数5億部を突破した『ONE PIECE』。

46

・つまり、彼らの望んでいるのは「上下関係」ではなく「仲間」との「一体感」。

・上からマウントを取られることに嫌悪感を覚える。

・一方、ムラ社会に生きているので常に見られていることを意識し、自他の発言を忖度している。

・自己アピールしすぎると叩かれるというリスクを警戒しながら会話をする。

・つまり、自己表現が苦手なのではなく、あえて封印していると捉えるべき。

・心のどこかで自分らしさを求め、心理的に安全な場を求めている。

・したがって、「いいね」の承認欲求が強い世代であり、彼らには質よりも量の「褒める」が大事。

・彼らは「それって意味ありますか？」というセリフを言う。

・仕事に意味を求めて、「黙って上司の言うことを聞け」という姿勢に反発する。

・将来への不安から生き急いでいる感もあり、自分が成長できる職場かどうかを常に探っている。

・よって、働き方はメンバーシップ型ではなく、ジョブ型を志向している。

・どの世代よりも、お客様への貢献、社会への貢献を希求しているので、理念に賛同できるかどうかが会社選びの判断基準。

　いかがでしょうか。この世代と他の世代は違うということに、我々は戸惑いを覚えているのが現実なのです。この潮流は日本だけではなく、世界が直面していることなのです。彼らの出現により、これまでの組織作りのあり方、マネジメントのあり方、事業運営の方法が変容を求められているのです。世界的に見れば、既に人口の 40 ％近くが Z 世代で占められています。もはや、彼らがマーケットリーダーであることを認識しなければなりません。そして、彼らの世界に不可欠なのが「心理的安

全性」なのです。

　これまで、アメリカ発の心理的安全性の概要とアメリカで産業が発展してきた歴史、日本が独自に発展を遂げた日本的経営、そして戦後の日本経済の変遷を追ってきました。そして日本でも心理的安全性という言葉の認知は広まりつつあるものの、そのような組織を作るのは容易ではないことも述べてきました。

　なぜなら、日本人と西洋人は「働くこと」に対する考え方が違うからです。旧約聖書ではアダムとイヴが禁断の果実を食べた罰として労働を強いたのです。

　第2章以降は日本人の特性を改めて深掘りし、日本ならではの心理的安全性を定義したいと思います。

第 2 章　まとめ

■欧米における産業の発展に寄与した人物として、「科学的管理法の父」と言われたフレデリック・W・テイラーと、その技術を応用し自動車の普及に貢献したヘンリー・フォードが挙げられる。

■科学的管理法は、以下の運営体制を築いたことで生産性を飛躍的に上げた。
　・課業管理 … 達成すべき最大限の作業量を策定し管理する
　・標準的作業条件 … 時間研究に基づいて、作業の物的条件と作業動作を標準化する
　・差別出来高給 … 労働者の作業の成果によって、支給する賃金を差別する

■ヘンリー・フォードは、以下のシステムをベースに大量生産体制を確立した。
　・少品種大量生産
　・標準化
　・移動組立ライン
　その結果、当時、富裕層の自動車が 3,000〜4,000 ドル、他社の T 型フォードと同じクラスの車が 1,000 ドルを超える価格だったのに対し、825 ドルという低価格を実現。1918 年には、米国の自動車の半分が T 型フォードとなり、単体の販売台数で 1,500 万台を達成した。

■欧米の影響を受け、アジアで初の工業化に成功した日本は、独自の日本的経営を活かして発展してきた。日本的経営とは「終身雇用」「年功序列」「企業別労働組合」である。そして、その根底にあるのは「家族主義」であった。

■バブル崩壊後、失われた 30 年が経過し、日本的経営も崩れ始めている。さらに、Z 世代の若者が社会に出現し始めた。この複雑な時代に、どの組織も時代に合った変革が求められている。

第3章

日本の精神文化

1 日本人とは

1 日本人の教育

　私は日本人でありながら、正直なところ日本人というものがよく分かりませんでした。幼少の頃から集団行動が求められ、人と違うことをするなと育てられてきました。いい大学に入り、いい会社に就職することが、いい人生だと言われて育てられた世代です。それが、みんなが求めている正しいことだと言われ、私も漠然とそう思い込んでいたように思います。

　日本の学校教育は「前へ倣え」の号令とともに、はみ出さず、整然とした列を作ることをよしとしてきました。国語の授業中に算数の教科書を開くことはいけないことでした。私はこの、どこかすべてみんなと一緒という考え方に違和感があったのだと思います。その違和感を抱いたまま大学卒業後に味の素に入社し、尊敬できる上司や先輩に恵まれ、それなりに充実した仕事人生を送っていたと思います。

　しかし、このまま決められた人生、人と同じような人生を歩むことにどこか抵抗があったのです。30代で味の素を離れて独立をしたのも、このように長年蓄積されてきた思いがあったからだと思います。その後も、自分は一体何に突き動かされているのだろうという青臭い自分探しは続きます。

　そんな時に日本人の本質を射抜いた一冊の本に出合いました。私は「この本のおかげ」と言っても過言ではないほど、目から鱗が落ちたのです。ようやく、日本とはいかなる国なのか、どのような精神性を持っている民族なのか、その一端が垣間見えた気がしました。それがアメリカの文化人類学者ルース・ベネディクトが書いた名著『菊と刀』(角田安正訳/光文社古典新約文庫) です。

　戦時中に書かれた本であり、日本を降伏せしめるために調査研究し、

報告されたものです。読者の対象はあくまでもアメリカ人です。それが偶然日本語に翻訳、出版されました。アメリカ発の心理的安全性を日本にそのまま当てはめることが難しいと述べている理由が、この本に書かれています。次項にてこの本を考察していきたいと思います。

② 『菊と刀』の日本人論

この本は以下のようなとても意味深長な出だしで始まります。

アメリカ合衆国が全面的な戦争においてこれまで戦った敵の中で、日本人ほど不可解な国民はいなかった。手ごわい敵と戦争になったことは以前にもあったが、見越しておかねばならない行動と思考の習慣がこれほど著しく異なっていた例はない。（『菊と刀』P13）

私はこの冒頭から、当時鳥肌が立つ思いで読み始めたのを覚えています。その後、吸い込まれるように一気にむさぼり読んだという感覚が残っています。前置きはこれくらいにして、早速本の内容を考察していきましょう。

本書は、日本人の「恩・恥・義理」という文化、日本の精神性であり行動原理を顕在化した本です。私があえて、この本をここで取り上げるのには理由があります。この本は 70 年以上経った今でも日本人の根底にある精神性を的確に指摘しており、ここに書かれた日本人の精神性を理解しない限り、アメリカ発の心理的安全性をいくら声高に唱えようとも、日本企業での実現は難しいと思うからです。

これまでの日本人論についての本は新渡戸稲造の『武士道』（矢内原忠雄訳／岩波文庫）や鈴木大拙の『禅と日本文化』（碧海寿広訳／角川ソフィア文庫）などいくつもの名著がありますが、いずれも著者は海外在住の経験があり、その視点を加味して日本を論じたものです。私はこれらの書物に触れるにつれ、日本人を理解するには外からの視点が必要だと考えています。以上の点から、本書が提示する日本人の精神性を理解した上で、日本において心理的安全性の高い組織を作る方法を、改め

てご提案したいと思います。

3 ルース・ベネディクト

　ここで著者のルース・ベネディクト（1887-1948 年）について簡単にご紹介します。彼女はアメリカの文化人類学者です。名門私立女子大（現在は共学）のヴァッサー・カレッジに学び、最優秀生として卒業します。1919 年コロンビア大学大学院に入学し、当時の人類学の権威フランツ・ボアズに師事し、文化相対主義を学びます。

　ちなみにボアズ以前の人類学は、西洋人が優れており、他の民族はすべて劣っているという前提に立っていました。それに対してボアズは、本来それぞれの民族は地形や風土の影響を受けての違いがあるだけで、人間の優劣を決めるものではないという前提に立脚していました。

　話を戻しますと、その後ベネディクトは 1934 年に『文化の型』（米山俊直訳 / 講談社学術文庫）を出版し、名を知られるようになりました。そのため、第二次世界大戦のさなかに、当時の大統領フランクリン・ルーズベルトの指示で、戦時情報局はベネディクトに矛先を向け、以下の課題を解決するよう協力を求めました。

・アメリカの損害を最小限に抑えて日本を降伏させる方法
・日本を占領した後に、どのように統治するればよいのか

　これらの課題を解決するために「文化人類学者として駆使できる手法を総動員し、日本人とはいかなるものなのかを説明せよ」との指令だったのです。

　当時は戦時下であったため、日本に出向いて現地調査をすることができず、主に日系アメリカ人や日本人捕虜、新聞や雑誌、本、ラジオ等の調査研究により考察したものとなりました。

『菊と刀』の考察

この本は主に、以下の 3 つのテーマに対して考察しています。

1 負債の返済に追われ続ける日本人
2 異常なほど「恥」を恐れる国民
3 日本人の矛盾した性格の謎

1 負債の返済に追われ続ける日本人

　まず**1**についてですが、ここで言う負債とは「恩」という概念のことです。この「恩」に追われているというのが、日本人の根底にある精神性であり、日本人は自分が受けた恩を重く受け止め、この負債を返済しなければならないという強迫観念を抱く国民だと言うのです。

　例えば分かりやすい例で言うと、誰でも親に対する恩があります。いつ受けたのかではなく、生まれた時から親には生んで育ててくれた「恩」があると考えます。そのため、恩は返すもの、親孝行をしなければならないものという思いを抱いていると言うのです。

　一方、アメリカ人にはこの「恩」という概念が理解できないようです。アメリカ人が親に対してあるのは「恩」ではなく「愛」だそうです。ドイツ出身の社会心理学者エーリッヒ・フロムは、愛についてこう述べています。

　「母親の愛は無条件である。親に愛されるというすべての経験は統合され、私は愛されているという経験へと結晶する。しなければならないことといったら、生きていること、そして母親の子どもであることだけだ。無条件であるだけに、どんなことをしても創りだすことはできない」

　つまり、愛は無条件であるので、返さねばならないという概念は一切ないということです。ただ、人である以上、子として親には同じように

愛情を持って接するという考えはもちろんあります。この本ではさらに、「恩」について忠犬ハチ公を例に出して次のように説明をしています。当時の小学2年生の教科書に「恩を忘れるな」という題で、以下の物語が掲載されていました。

　ハチは、かわいい犬です。生まれて間もなくよその人に引き取られ、その家の子のようにしてかわいがられました。そのために、よわかったからだも、たいそうじょうぶになりました。そうして、かいぬしが毎朝つとめに出る時は、でんしゃのえきまで送って行き、夕がたかえるころには、またえきまでむかえに出ました。

　やがてかいぬしがなくなりました。

　ハチはそれを知らないのか、毎日かいぬしをさがしました。いつものえきに行っては、でんしゃのつくたびに、出て来る大ぜいのひとの中に、かいぬしはいないかとさがしました。

　こうして月日がたちました。

　一年たち、二年たち、三年たち、十年たっても、しかし、まだかいぬしをさがしている年をとったハチのすがたが、毎日そのえきの前にみられました。

―中略―

　恩は、このように世話になったことへの返礼を暗に示している。

―中略―

　恩は基本的に借りがあることを示している。一方、私たちは愛を、義務に縛られることなく自由に与えるものと見なしている。(『菊と刀』P159-161)

　このように、日本の童話にも「鶴の恩返し」など恩に関するテーマは多いかもしれません。「恩」に対して別の解釈をするならば、返済不可能で、無期限の義務と表すこともできます。親に対して恩の返済期間はないと言われたらその通りでしょう。

　さらに天皇に対する恩を「皇恩」と言います。当時の日本の戦い方を振り返れば、「恩」を根本動機としなければ、説明がつかないのかもし

れません。

　一方、「恩」に対して「義理」という言葉があります。この言葉は、比較的近しい者同士でやり取りされるものと解釈されます。例えば、盆暮れの挨拶や、何かモノを頂いたら相応のモノを返すという行為のことです。

　この「義理」について、夏目漱石の「坊ちゃん」を例に挙げて以下のように説明しています。

　主人公である「坊ちゃん」は江戸っ子で、生まれて初めて地方に赴任し、学校の教師として勤めている。坊ちゃんは赴任後すぐに思う。同僚の教師たちの大部分は軽蔑すべき輩であり、とてもこの連中とはうまくやっていけない、と。だが同僚の中に、とても感じの良い教師がいた。坊ちゃんが山嵐と呼ぶこの新しい友人は、一緒に外出したおりに、氷水を一杯おごってくれる。その代金は一銭五厘で、一セントの五分の一の価値である。

　それからしばらくして、別の教師が坊ちゃんに、「山嵐は、坊ちゃんのことを小馬鹿にするようなことを言っていた」と告げ口する。坊ちゃんはその告げ口を真に受ける。するとたちまち、山嵐から受けた恩が気になり始めるのである。

—中略—

　翌日、坊ちゃんは山嵐の机の上に一銭五厘を投げ出す。というのも今回の一件について、つまり耳にした侮辱的発言について山嵐との間で片をつけるためには、一杯の氷水の恩をそのままにしておくわけにはいかないからである。片をつけようと思えば、怒鳴り合いになるかもしれない。だがその恩は、もはや友人相互の恩ではなくなったのだから帳消しにしておかなければならないのである。（『菊と刀』P171-172）

　上記のシーンをベネディクトは、関係性が変わると義理が強迫観念に変わるというたとえで説明しています。しかし「恩」と同様に、「義理」という考え方がないアメリカ人からすると、このシーンは単なるヒステリックにしか見えないようです。

2 異常なほど「恥」を恐れる国民

　さて、**2**の「恥」という概念についてです。私はこの「恥」という概念が日本人を規定しているという事実を知ったとき、正直衝撃を受けました。自分をこれまで動かしてきた正体を目の前に突きつけられたように感じたのです。日本人は幼少の頃より、人と違うことをするなと教えられてきました。また、自分の個性を伸ばすような教育も受けていません。小学校に上がれば、同じ体操着を着て整列をし、ラジオ体操をするのです。あのラジオ体操の音楽がひとたび流れれば、その場にいる人は年齢に関係なく、自然に身体が動き出すことでしょう。

　つまり、私たち日本人は人と違うことをすることに抵抗があるのです。人と違うことは悪いことだと育てられてきたのです。コロナ禍が収束しかかってきた今（2022年8月）でもマスクを外さないのは、みんなが外していないからです。

　私が先日、ある著者の主催するセミナーに初めて参加した時のことです。そこでは200名くらいの参加者がいたのですが、ほぼすべての人がマスクをしていないのです。私一人だけがマスクをしていました。やがて、その著者本人が登場し、「みなさん、お約束通りマスクを外して頂いてますね。国の方針でマスクの着用は義務ではなくなりましたから」と……。私はマスクをしないで参加するというお約束を知らなかったのです。

　もし、みなさんがこの場面に出くわしたらどうしますか。私はあっさり、マスクを外しました。みんなが外している中で、自分一人だけマスクをしながらセミナーを聴講することに抵抗感を覚えたからです。

　つまり、普段外出をする際マスクが欠かせないのは、感染予防ではなく、同調圧力であったからだと改めて分かったのです。日本は恥の文化であると定義されます。恥の文化とは、物事の評価や判断基準が世間によって設定されている文化のことです。世間が一般的に認めている道徳基準や常識に反することは恥ずかしいことだという強迫観念が働いているのです。

　その精神性があるがゆえに、日本は災害があっても暴動が起こらずに、冷静さと秩序が保たれているのです。仲間外れにされないことを過剰に意識して生きているのが、日本人なのです。そして、日本人は失敗することや、人から悪く言われたり、拒絶されたりすることに対してひどく傷つきやすい民族なのです。

　岡倉天心の弟で英語学者の岡倉由三郎は、日本人の精神性について次のように述べています。

　「日本人は清潔さを好み、また、その裏返しとして汚れを嫌う。日本人の心的特性の多くはそこから発生する。家の名誉あるいは国家の威信を侮られると、それを汚点か生傷と見なすようにしつけられているのである。相手が見下したような態度で臨んできた場合、そのような濡れ衣をはらさなければならない。さもないと汚点を洗い清めることはできないし、傷をいやす事もできない。清廉潔白な人生を送っている日本人の人生は満開の桜のごとく、麗らかで美しく見えるものである」

　また、日本には汚名返上という言葉がありますが、これは悪い評価や不名誉な評判を努力によって相手や世間に突き返し、自らを洗い清めることを意味しています。自分の名前に泥が付着したままでは立派な人間になれないと考えるからです。日本人にとっては、恥じることは生き様にも及ぶことだということです。

　さらに恥の文化を理解するためには、日本はいまだに階層文化であることを認めねばなりません。これは江戸時代のように、士農工商と身分が区分されているという意味ではありません。必要以上に自分の役割から逸脱しないようにしようとする精神性のことです。これをこの本では「応分の場」と表現しています。応分の対義語は過分です。日本人は過分な報酬を受け取ったり、褒められたりすると、恐れ多い、滅相もないと受け取りがたい気持ちになります。つまり応分でいること、分相応であることが正しいことであり、これを逸脱することは恥ずかしいことなのです。何か施しを受けたときに「ありがとう」と言う代わりに「すみません」という言葉が口に出ることがあります。これは「忝い（かたじ

けない）」という気持ちがあるからで、そのような計らいをしてもらう義理ではないのに、そこまでして頂いて申し訳ないという気持ちが表れた言葉なのです。

　日本で歴史的に市民革命が起こっていないのは、この応分の場を尊重する精神があるからだと言われています。明治維新は武家の革命であって、市民が天下を転覆するようなものではありませんでした。農民一揆は歴史的に100回以上起こっていますが、この農民の意図の多くは、自分たちを本来のお役目通りに、身分通りの扱いをしてほしいという、お上に対する抗議だったのです。

　ここからも分かるように、日本に市民革命が起こってこなかったのは、そのようなことはおこがましいことであると同時に、自分の役目から逸脱して高望みすることを恥と見なす文化があったからです。そして現在に至ってもなお、この精神性が日本人の根底にあるのです。自分の役割の範囲で期待に応えることが正しいとし、それを逸脱することは恥と見なす精神性。

　このように、日本は恥の文化であると説明する一方で、アメリカの精神性は罪の文化だと解説しています。罪とは、絶対的な基準（キリスト教）があり、その基準に対して、偽りを犯していないか、間違いを犯していないかと考える文化だということです。

　つまりアメリカ人は、周囲との相対評価で自分の立ち位置を判断するのではなく、神という絶対の存在に対して自分の行為を推し量るという点で、日本人とは大きく違うということです。そして、恩や義理に縛られるのではなく、絶対の基準に照らし合わせて判断し、人間関係では自由を重んじていると言えます。

　この自由と平等を標榜するアメリカ人に対し、他国からの視点を参考にして解説をしています。フランス人の政治思想家であるアレクシス・ド・トクヴィルが、1830年代初期にアメリカを訪れた際に書いた書物があります。その中の文章が下記のように引用されています。

アメリカでは、人々は互いに平等だと心の底から信じている。アメリ

カ人の社会的交際は新たな、こだわりのない相互関係を足場にして成り立っている。アメリカ人は腹蔵なく会話の口火を切る。上下関係の儀礼にはみじんも注意を払わない。そのような儀礼を当然のこととして要求することはしないし、他人に対してへりくだることもない。アメリカ人が好んでいうのは「誰の世話にもなっていない」というセリフである。ここには旧来の貴族制的な、あるいはローマ的な一族というものは存在しない。旧世界を支配している社会の上下関係は、跡形もない。アメリカ人が頼るのは、ほかの何よりも平等である。自由ですら、往々にしておろそかになっているが、平等は実践されている。(『菊と刀』P83-84)

　確かに日本人との考え方の違いが、分かりやすく述べられていると思います。

3 日本人の矛盾した性格の謎

　それでは、最後に日本人の性格の二面性について考察します。この本の冒頭は、日本人ほど不可解な国民はいなかったという出だしで書かれています。それはなぜか。

　日本が鎖国を解いて門戸を開放してから75年、その間、日本人を描写するために、「その反面……」という言い回しが数えきれないほど繰り返されてきた。世界中でこれほど頻繁にこのフレーズを摘要された国民はない。真摯な専門家であれば、日本人以外の国民に関して論評する際、以下のような矛盾した説明はしない。
「礼儀をわきまえているという点で他の追随を許さない」と述べながら、「その反面、思い上がった態度の大きい国民である」という一節を付け加える。また、「頑固さにおいては比類がない」と述べておいて、「その反面、最先端の思想や制度に進んで順応する」と付け足す。「従順な国民である」と評しながら、「上からの統制に素直に応じない」との説明を併記する。

―中略―

これらの矛盾はいずれも日本に関する書物の縦糸と横糸であって、すべて真実である。菊も刀も、同じ日本像の一部なのである。(『菊と刀』P14-15)

　この記述からも分かるように、アメリカ人からすると、日本人に関する歴史的書物を紐解いても、理解不能、摩訶不思議な民族として映っていたのでしょう。この日本人の二面性について、ベネディクトは明快に解説しており、この違いはアメリカ人と日本人のライフサイクルの違いに起因するとしています。
　日本人は5歳くらいまでの幼少期は自由奔放に、無条件の愛情を注がれて育てられます。その後6歳以降は学校に入り、前述したように、人に迷惑をかけるな、人と違うことをするなという道徳に従うように教育されていきます。その後、青年期を経て壮年期に入ると、家庭を守り、会社や社会に貢献することを求められます。いわば一番お金も体力もある時に、自由を奪われ、他者に尽くすことに力を注ぎ、老年期になって晴れて自由を謳歌するというライフサイクルだと分析しています。
　つまり日本人は、幼少期の自由奔放に育てられた時期とそれ以降の制

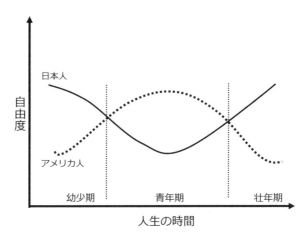

図表5　アメリカ人と日本人の人生曲線

約的な時代との180度のギャップにより、この二面性が形成されると言うのです。幼少期の無条件に愛された記憶を持ちながら、社会の期待に応えねばならないという制約的な生き方を強いられる人生曲線が日本人の人格に反映されているということです。

　逆にアメリカ人の幼少期は厳しく躾けられますが、それ以降の青年期、壮年期に自由を謳歌し、体力も減退する壮年期にはそれなりの人生を送るというわけです。つまり、日本とは対極的な人生を送ると分析されています。

　日本人は捕虜になることを恥と見なし、自決する人もいました。一方、捕虜になってしまったらもう日本へは帰れないので、兵士という役目はなくなる。ゆえに、今度は捕虜としての応分の場に応えようと従順になる、という二面性があるというのです。

　官僚道という考え方があると聞いたことがあります。官僚とは仕える政治家が変われば、その政治家に従うというものだそうです。前任者と180度考え方が変わっても、その与えられた役務を全うするのが官僚道だということでした。

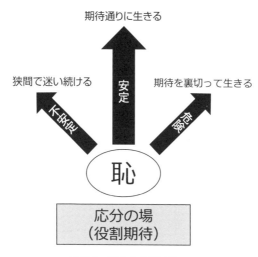

図表6　日本人の精神性

映画『太平洋の奇跡 - フォックスと呼ばれた男 -』のワンシーンに、日本のこの二面性を将棋の「歩」で説明する場面があります。相手に取られた「歩」は相手側の駒として、今度はこちらを攻めてくるというのです。日本人の二面性は社会性と捉えることもできます。官僚に限らず、仕える上司が変われば、仕え方も変わるのが組織人であるというわけです。

そして、このように「恩と恥と義理」で生きる日本人は3つの道に分かれると分析しています。

・期待通りに生きる道

・狭間で迷い続ける道

・期待を裏切って生きる道

どの道がよい悪いではないと思います。自分で主体的に選択した道を選びたいのです。私たち日本人は応分の場に生きるという精神性を認めつつ、何が恥で何が恥でないかを今一度見極める時がきたのではないでしょうか。

次項ではこの日本人の精神性をもとに、日本の組織における心理的安全性を高める方法を述べてみたいと思います。

第 3 章　まとめ

■日本の精神文化とは、ルース・ベネディクトの『菊と刀』に代表されるように、恥の文化である。恥の文化とは、応分の場の中での役割を逸脱した行為を恥ずかしいと感じる文化のことである。

■アメリカの精神文化は、恥に対して罪の文化である。罪とは絶対的な基準（この場合の多くはキリスト教）に対して間違えたことをしてしまった場合に罰せられると考える。

■この精神性の違いは、「恩」と「愛」の違いにも特徴が出ている。日本人は親に対して、生まれながらにして「恩」を背負っているので、返さなくてはいけないものと感じている。アメリカ人は無償の愛を受けていると捉え、その愛を返さねばならないという考えはない。

■日本人は「恩と恥と義理」という精神性が根底にあるため、二面性も内在している。応分の場が変われば、役割が変わる。つまり、仕える人が変われば、その人に従うという二面性を有する。そのために、以下の３つの選択肢で揺らぎが起こりやすいのが日本人である。

①　期待通りに生きる道

②　狭間で迷い続ける道

③　期待を裏切って生きる道

第4章

日本における
心理的安全性の高め方

1 心理的安全性の高い組織の前提条件

1 日本人の行動原理

　前章にて考察した日本人の精神性は、組織において以下のように作用していると考えられます。

・応分の場における自分の役割を認識し、その期待に応えることにアイデンティティを見出している。

・応分の場から逸脱することは恥ずかしいことであると考える。

・恥をかかないように、周囲の動きを観察しながら同調的に動く。

・応分の場が変われば、そこに合わせた新たな行動原理が動きだす。

　上記の応分の場を「役目」と言い換えてもよいと思いますが、概ね日本人の行動原理はベネディクトが分析したような仕組みになっているように思います。この行動原理を踏まえずに、これからは心理的安全性が重要だから自分の意見を上司にもどんどん発言するようにと言われても、現実的には難しいのです。アメリカ人は元々平等であろうとする文化があります。英語に丁寧語はあっても日本語のように尊敬語、謙譲語など、自分の立ち位置により複雑な言語を駆使する場面はありません。そのアメリカの文化を日本の組織文化にそのまま当てはめようとすること自体に無理があります。

　しかし、この変化の激しい不可逆的な時代に、エンゲージメントを求め、かつての家族主義を取り戻そうとしてもうまくいきません。終身雇用を約束することもできませんし、社員に忠誠を誓わせるのはナンセンスです。今や高度経済成長期と違い、情報の開放度とアクセスの自由度は桁違いに広がっています。

　それでは、この日本で心理的安全性を高めて生産性を上げる、一体感のある組織を作り上げることが可能なのでしょうか。私はいまだに従順

にマスクをし続ける日本人の特性にヒントがあると思います。ベネディクトが紐解いた日本人論は、戦時中の当時と比べると少々ぼやけてはいますが、その本質は変わっていないと思っています。次頁以降では、この精神構造に当てはめ、日本発の心理的安全な組織の作り方を述べたいと思います。

2 パーパス経営

　日本人は応分の場に多大なる影響を受けます。日本人が空気を読むというのも、この枠組みがあるからだと思います。応分の場が変われば、自分の役割も変わり、新たな期待に応えようとします。戦時中に捨て身で攻め込んできた兵隊が、米軍の捕虜になると従順な人物に豹変したという話を思い返してみてください。

　ここではその是非は問いません。あくまで日本人の行動原理に基づき、考察していきます。応分の場の作用とは、その場が家族といる場であれば「父親」「母親」「長男」「次女」というように無意識にその役割通りに振る舞うということです。家では甘えん坊の次男でも、会社では数字のノルマに厳しい営業部長になり、同窓会ではお茶目でひょうきん者を演じるという多重人格を示すのは普通のことです。これが、人はその場に応じた分をわきまえた行動を取る、応分の場に合わせるということです。

　さらに掘り下げると、それぞれの場には前提があります。家族という共同体としての場、営業という売上を上げることを求められる場、かつてを懐かしむための場という前提です。ここでその「前提」を「目的」と置き換えてみましょう。つまり、目的に応じて場は変化するということです。そして重要なことは、組織の目的を定めるということです。

　例えば、鉄道会社の目的は時刻通りに運行することです。航空会社の目的は安全に乗客を現地まで送り届けることです。それでは牛丼の吉野家の目的は何でしょうか？「うまい、やすい、はやい」牛丼をお客様に食べてもらうことです。目的が変われば、応分の場は変わるのです。今、

パーパス経営が求められているのはこのためです。もちろん、経営理念が企業の目的を体現している会社であればそれでもよいのですが、大抵は創業者の思いや考え方を文字にしたものを掲げているだけの会社が多いのが実情です。

　以下、パーパスを掲げている会社の事例を紹介します。

・パタゴニア：私たちは、故郷である地球を救うためにビジネスを営む
・ソニー：クリエイティビティとテクノロジーの力で、世界を感動で満たす
・ナイキ：スポーツを通じて世界を一つにし、健全な地球環境、活発なコミュニティ、そしてすべての人にとって平等なプレイングフィールドをつくり出す
・味の素：アミノ酸のはたらきで食習慣や高齢化に伴う食と健康の課題を解決し、人びとのウェルネスを共創します
・ユニリーバ：サステナビリティを暮らしの"あたりまえ"に

　このように、企業の目的を具体的に指し示すことではじめて、向かうべき方向性が定まります。もはや、形骸化した経営理念を掲げ続けていれば、事業は発展するという時代ではありません。先行き不透明なVUCAの時代だからこそ、会社のレゾンデートル（存在理由）は何なのかを明確にする必要があるのです。そして目的を明確にするべきもう一つの理由は、Z世代の方々が求めているからです。

　私たちバブル世代は、団塊の世代の方々の思想の影響を受けながら、右肩上がりの社会を経験しています。つまり、目的が多少曖昧でも、頑張れば会社は成長し、会社への貢献を実感することができた世代です。しかし、Z世代の方々は成長と発展ではなく、持続可能な世界を作ることを使命だと感じています。だから、彼らは何かモノを買うにしても、その会社が社会にどう貢献しているのかを注視しています。買う＝企業への投票という意識が高いのです。だから、会社選びの選択肢の中に、ブラックかホワイトかはもちろんのこと、その会社が何を実現しようと

しているのかを見定めているのです。

　日本は少子高齢化時代に突入し、その勢いは加速しています。若手を採用できない会社に未来はないのです。会社のために個人があるという古い考えは捨ててください。会社と個人は対等であり、ともに未来を創る仲間なのです。上の方々がその認識に到達しない限り、心理的安全性はただのスローガンで終わり、若手を採用できない、定着しないという問題を解決することはできません。今後ますますこの流れは加速していくでしょう。

3 リーダーシップ

　ここでは、心理的安全性を高めるリーダーシップについて述べていきたいと思います。先ほど、目的を明確にすることで、応分の場が規定されると述べました。この場が規定されると、自ずとメンバーの役割が立ち上がってきます。目的を実現するために自分がなすべき役割です。この役目が明確になると、日本人はその役割を演じ、その期待に応えようと動き出します。この役目が明確で、周知されていればいるほど、その役目を全うしたいという意識が芽生えます。そこには役割を逸脱して恥をかきたくないという制約条件も入っています。

　リーダーとは目的の実現に向けて、メンバーの役割を明確にし、一体感を高めるのが役目なのです。そして、何よりリーダー自身が目的を実現したいという意志があることが重要です。リーダーシップとは影響力であると定義する方がいますが、その定義は間違いです。影響力は自分でコントロールすることができません。影響力があったかどうかは、受け手の問題なのです。コントロールできない能力を鍛えることはできません。それではリーダーシップとは何か。それは「意志」です。自分はあの山を登りたいという意志があればリーダーの資格があるということです。しかし、後ろを振り向いた時に、ついてくる人が誰もいなければ、リーダーシップは発揮されていないということです。

逆説的ですが、その意志が強ければ強いほど、影響力が発揮される可能性は高まります。つまり会社の発展は、それぞれのリーダーの、会社の目的を実現したいという意志の強度にかかっているのです。ですので、会社の目的が社会のためになるものなのか、その実現に自分の夢を同化できる目的になっているのかが重要なのです。

　そして、これからのリーダーは強さを誇示するのではなく、本音を語るリーダーであるべきです。オーセンティックであること、積極的に自己開示をすること、時に弱さを見せることも重要です。自分の弱さを認めた瞬間に強くなるという逆説があるのです。リーダーの自己開示度が、メンバーのそれに比例します。心理的安全性を測る尺度は、その場に本音がどこまで開示されているかです。本音を掘り下げれば、本気に行き着きます。本気には着火させることができますが、うそ気では着火できません。このシンプルなリーダーシップが今の時代に求められるのだと思います。

　リーダーは目的を示し、自分の意志を定め、本音を語る。これが心理的安全性を高めるリーダーシップの要諦です。

2 心理的安全性の高い組織の作り方

1 バブル世代の固定概念

　日本の組織の多くはピラミッド型であり、階層に別れています。しかし、日本が今でも階層文化であること自体に問題があるとは思いません。現在、時代の要請に合わせるかのように、様々な組織形態が増殖しています。しかし、どのような組織であれリーダーがいないと成立しませんので、リーダーとフォロワーの関係は必然的に生じます。

　そして、今後はすべての組織に心理的安全性が求められます。それはウェルビーイング（Well-being）を高めることとともに、個々人の能力が発揮され、創造性と生産性を高めることが実証されているからです。しかしこのことが理解できず、いまだに上司がポジショニングパワーで部下を動かしているような組織が多いことも事実です。その根底には、会社は給料を払っているのだから会社のために働くのは当たり前、上司は部下を評価する立場なのだから指示に従うのは当たり前、という考え方があるように思います。

　このような組織は、今後の存続が危ういと思います。なぜなら、今や人材不足が加速し、自由に情報が入手できる時代だからです。会社の評判は離職者の声により、もはや世間に筒抜けです。会社はまず、ホワイトかブラックかで判断されます。今の若者が会社選びで気にかけているのは、人間関係でうまくやれそうかどうかです。経営層が当然と考えていることと、若者が求めていることに大いなるギャップがあるのです。

　バブル世代は、自分が今このポジションにいるのは、出世競争に勝ち抜いてきたからだと考えています。だから自分は下の者よりも「偉い」と思っているのです。威張って当たり前だと思っているのです。この考え方が根本にある限り、今の若者を理解することはできません。彼らは、縦の関係ではなく横の関係を望みます。そして、意義のある仕事をした

い、成長したいと思っています。私たちバブル世代のように、偉くなり
たいわけではないのです。このように、生きてきた時代背景の違いから、
世代間のギャップが大きくなっています。

　したがって、これから新しい未来を創っていくには、相互理解が不可
欠になります。しかしそれは、やみくもに若者に迎合するという意味で
はありません。ビジネスの多くは、経験してみないと分からないことだ
らけです。若者は成長できる職場を望んでいます。このような時代なの
で将来不安もあり、早く一人前になりたいという意識が高まっています。
だから、自分を成長させてくれる上司や職場を望んでいるのです。

　そのためには心理的安全性の高い組織が必要なのです。次頁以降では、
日本における心理的安全性の高い組織風土を作るためのポイントを考察
します。

② 透明であること

　透明力という言葉があります。私は企業の透明力が高ければ高いほど、
その企業に対する社員と顧客からの信頼度が上がるものと考えています。
人間の心理として、情報は共有されればされるほど安心感が増します。
例えば、誰でも初対面の人には緊張感があるものです。その原因は、ま
だ相手のことを知らないからです。

　アメリカの心理学者ロバート・ザイアンスが提唱した「ザイアンスの法
則」というものがあります。これは、接触頻度が上がれば上がるほど親密
性は増していくという法則です。接触頻度が上がれば、それだけ相手の情
報が増えるので、相手への理解度が高まるからというのがこの法則の背景
です。つまりこの法則を逆手に取ると、相手に対して自分から積極的に自
己開示を行えば、親密性を高めるスピードは速くなるというわけです。

　企業もこれと全く同じです。企業情報を積極的に公開すればするほど
安心感が増し、その情報の精度が高ければ高いほど、信頼感が醸成され
るのです。これが企業の透明力と呼ばれるものです。これからは透明力

が高い企業に人は集まり、その企業は発展していきます。これまでも
様々な企業が、情報の公開と共有に取り組んでいます。

　ここで、透明力の高さで注目されているサイボウズというグループ
ウェアの会社をご紹介します。

（企業情報）
・東京証券取引所 プライム市場
・2000 年 8 月 23 日上場
・設立 1997 年 8 月 8 日
・事業内容　ビジネス向け Web サービスの開発、販売、保守
・代 表 者　青野慶久（代表取締役社長）
・売 上 高　連結：18,489 百万円（2021 年 12 月現在）
・経常利益　連結：1,468 百万円（2021 年 12 月現在）
・従業員数　連結：969 名（2021 年 12 月末現在）

（情報の公開・共有の施策）
　この会社を分析すると以下の 3 つのキーワードが浮かび上がってき
ます。それは「多様な距離感」「自律的な選択」「徹底的な情報共有」です。
このキーワードを実践するために、以下のような施策が行われています。
・役員会議の動画や議事録は閲覧可能である
・従業員のキャリア情報はすべて公開されている
・副業についても誰が何をしているのか公開されている
・一人ひとりの働き方（完全リモート、週 2 日出勤、場所、時間等）
　が共有されている
・一人ひとりが使っている経費も公開されている
・マネジャーのみ閲覧可という条件で給与も公開されている
・社員の経験やノウハウが社内のオープンな場所に書き込まれる
※インサイダーに関わること、特定の顧客情報については適宜対処と
　される。

（サイボウズの情報の考え方）
　また、サイボウズは情報を以下のように捉えています。
・情報共有は「主体性」を加速させる。なぜならば、情報が共有されていれば選択できるから
・情報共有は「多様性」を加速させる。なぜならば、多種多様な人たちを包摂できるから
・情報共有は「創造性」を加速させる。なぜならば、多様な知恵に知見を重ねることにより、創造性が高まるから

　歴史のある大企業が変革にもたついている間に、新興企業は時代の要請にアジャストし、柔軟に変化し続けています。就職活動を行う学生が最初に選択することは、「大企業かベンチャーか」です。もはや歴史がある大きい企業に魅力を感じる学生だけではありません。その会社はどのような考えで運営され、社員には何をしてくれるのかをしっかりと見定めているのです。「会社のための個人」の時代は終焉し、「会社と対等の個人」、さらには「個人のための会社」という意識に変わりつつあります。組織と個人の関係をどう捉えるかで、組織風土づくりは決まるのです。
　人は、分からないこと知らないことは知りたくなります。知りたいと思ったときにいつでも知ることができれば、人は安心するのです。世の中にはインターネットが隅々まで浸透し、大抵の情報は入手可能な時代になりました。その一方で、社内の肝心な情報はクローズされたままです。隣の部署が何をしているのか、誰がいくら給料をもらっているのか、役員会議では何が話され、何が決まったのかが分からないのです。
　今、世間の情報スピードの速さと社内の閉塞感とのギャップが浮き彫りになっています。このギャップを埋めるのは、仕組みとしては難しくありません。これまで不透明だった社内の情報を動画や文字に記録し、インターネット化すればよいだけだからです。既に世の中で使用されている仕組みを横展開するだけです。

　残るは、経営トップの判断だけです。繰り返しますが、時代は透明力を求めています。情報は特権階級だけが握り、その情報量で人心を掌握できる時代では、もはやないのです。可能な限りの情報を公開することが、心理的安全性を高める鍵なのです。皮肉にも、権威者が上から圧をかければかけるほど、フォルクスワーゲンのディーゼルゲート事件のように情報がクローズされ、ミスや失敗は隠され、底に沈んでいきます。透明力と圧力は反比例の関係にあるのです。原始的なシーソーゲームはそろそろ終わりにしましょう。

3　ノンジャッジメントというあり方

　これまで企業は、仕事ぶりを評価するという仕組みで、社員を動機づけてきました。よい評価を受ければ給料が上がり、昇格し、優越的地位で仕事人生を送れるという方程式が成り立っていました。しかしこの動機づけはあくまで相対的なものであり、勝者がいれば敗者も生まれるという図式になっています。

　スポーツであれば、ライバルとの切磋琢磨という成長の仕方もあると思いますが、長きにわたり従事する仕事とスポーツとは、大きく異なります。職場において勝者と敗者を分けることは、必然的に光と影を生むことになります。かつての上司が今は部下という関係性の逆転は、日本人にとっては違和感でしかありません。給与や昇給の問題や立場逆転の問題は、会社組織が未成熟だということです。

　私は今すぐこの問題を解決するべきだと主張しているわけではありません。企業にはそれぞれの歴史があり、背景があります。まだまだこのような動機づけが有効な会社も多かろうと思います。しかし、何でもかんでも評価をしてしまう心のクセは、そろそろ人として見直したほうがよいのではないかと思うのです。

　人は常によい悪いの判断をしながら生きています。つい、あの人はできる人、あの人はできない人と決めつけようとします。このジャッジ

メント（判断）をそろそろやめたほうがよい理由は、それをすると思考が止まってしまうからです。この失敗はあの人のせいだ、これが進まないのはあの部署が悪いからだと決めつけた瞬間に、それ以上は考えなくなり、思考は停止するのです。だから同じような問題が繰り返し勃発し、いつまで経っても根本的な解決がなされないのです。

　人は誰でも失敗をしたり、ミスをしたりします。得意なこともあれば、不得意なこともあります。だから、失敗したら「ダメ」なのではなく、失敗を許容して、「では、今後このような失敗を避け、よりよくやるためにはどうしたらよいのか」という前向きな思考を醸成していきたいのです。

　できなかったり失敗したりすると厳しく咎められるような組織は、ミスを隠蔽する方向に向かいます。逆に、失敗を共有し、その失敗から新たな学びを得ようとする組織は、学習能力が高まり成長していきます。そもそも失敗をしてはいけない、ミスをしてはいけないと思っていたら、チャレンジすらできません。ベンチャービジネスの成功確率は1000分の3です。わずか0.3％です。ミスや失敗の可能性を許容しなければ、新たなことへ挑戦できるわけがありません。

　スティーブ・ジョブズはアップルを退職後、ルーカスフィルムのコンピュータ・アニメーション部門を買収して、ピクサー・アニメーション・スタジオを設立しました。この会社は1995年「トイ・ストーリー」という史上初のコンピュータ・アニメーション長編映画を制作し、その年第一位の興行収入を記録しました。

　それ以来、26の長編映画を作り、すべてが商業的に大成功を収めたという驚異的な会社です。同社の共同設立者の一人で、元CEOのエドウィン・キャットムルはこの成功の要因を聞かれた時に、「率直さ」と「失敗の許容」であると明確に述べています。

　例えば制作段階で、「ブレイントラスト」と呼ばれる会議が定期的に開催されます。これは、監督とストーリー作りに関わる人たちが直近に作られたシーンを一緒に観て、ランチを共にし、その後面白いと思うと

ころと思わないところについて監督にフィードバックするのです。成功は、興行的失敗を避けるために制作の早い段階でいかに失敗できるかどうかにかかっており、クリエイティブな仕事に失敗は不可欠だという前提に立っていると言うのです。

　思うに、日本人は他人に厳しすぎるのではないでしょうか。これからはもう少し他人に甘く、自分にも甘くしてみてはいかがでしょうか。発明家トーマス・エジソンは、「失敗は積極的にしていきたい。なぜなら、それは成功と同じくらい貴重だからだ。失敗がなければ、何が最適なのかわからないだろう。私はこれまでの失敗から１万通りの方法を発見したのだ」と言っています。失敗は学習の機会であり、改善のヒントであると捉えられるようになれば、すべての出来事はよきことになるのです。

　この思考習慣を鍛えるには、ノンジャッジメントという考え方が必要です。人は判断しないようにしても、これまで失敗は「ダメなもの」と思ってきたので、心のクセがそのようにジャッジしてしまうのです。そのため、心理的安全性の高い風土を作るためには、前提を共有することが重要になります。まずはルールとして周知すること。「ミスも失敗もすべては成長のチャンスである。他人を責めることなく、改善策を考える機会とすべし」です。

　先にも述べたように、日本人は前提が変われば、応分の場が変わります。かしこまった宴席が「無礼講」という号令とともに、言いたい放題の宴会に変わるのです。　ルールを明確にすることで、そのような組織風土が築かれるのです。今後は他人の失敗をジャッジしない思考を訓練しましょう。そして他人とともに、自分のミスも責めないことです。他人の失敗と同じように、自分のミスも受容することです。自己受容というあり方を高めることです。これまでの思考習慣を変えるためには訓練が必要です。

　そのためには、あんなことをしてしまった、こんなミスを犯してしまったという自分への感情を後悔に向けてはいけません。その感情に気

づき、感情と同化するのではなく、感情を客体化することです。まずは
「自分は今、そのような感情になっているんだな」と、気づく訓練をす
ること。その気づく力を高めて、自分の感情を客体化できるようになれ
ば、自然に自己受容力は高まります。感情は、気にしたり抑圧したりす
ると増幅する、ということを覚えておいてください。感情によい悪いの
判断を加えず、それ以上は放っておくことです。すると、どんな感情で
もやがて鎮まっていきます。いかがでしょうか。

　まとめると、心理的安全性の高い組織風土を作るには「失敗を責める
のではなく、学習の機会と捉えること」を組織のルールとすること。そ
して自分を責めてしまう心のクセを直し、自己受容力を高めること。こ
れが重要なポイントとなります。

4 操作主義に陥らない

　マネジメントという概念はアメリカから学んだものです。経営思想家
のピーター・ドラッカーは、マネジメントを「人の強みを活かし、組織
の成果につなげる活動」と定義しています。マネジメントの技術を学ぶ
ことは大切なことです。その技術を活かして組織を最適に運営すること
は、管理職に必要な技能だと思います。そして人心を掌握するためには、
褒める、叱る、傾聴するなどのアプローチも確かに重要だと思います。

　しかし西欧の概念は、操作主義の域を出ていないように思うのです。
形だけの称賛、心ない叱責、共感のない傾聴が横行しているように感
じます。その結果、やったという事実しか残らない表面的な ONE on
ONE（1 対 1 の面談）が多くなっているのではないでしょうか。

　「北風と太陽」の話を例に挙げましょうか。まずは一般的に語られる
内容です。

〈北風が太陽に力比べを挑んだ〉
　北風と太陽の前に一人の旅人が通りかかる。旅人の服を脱がせたら勝

ち、という勝負になった。北風はどんどん強い北風を当てるが、旅人は
服を脱ごうとしない。

　次に太陽が旅人に日光を注ぐ。

　旅人は体が温かくなり、上着を脱いで薄着になるがあまりの暑さに途
中の池で服を全部脱ぎ、最後には水浴びをする。勝負は太陽が勝つ。

　しかし心理学の世界で語られる「北風と太陽」の内容は、以下の通り
です。

〈北風が太陽に力比べを挑んだ〉

　北風と太陽の前に一人の旅人が通りかかる。旅人の服を脱がせたら勝
ち、という勝負になった。北風はどんどん強い北風を当てるが、旅人は
服を脱ごうとしない。

　次に太陽が旅人に日光を注ぐ。

　しかし、旅人は決して上着を脱がなかった。

　**むしろ、より一層強く上着を握りしめて、最後まで上着を脱ぐことは
なかった。**

　つまり、人は操作されていることに気づくと、無意識に反発するもの
なのです。ですので、何を思って部下と関わろうとしているのかという
ことが、その場に投影されます。マネジャーが ONE on ONE に臨む
前に、準備すべき心構えがあります。それは、部下に興味と関心、そ
して好奇心を持って臨むということです。その前提で臨むなら、褒める、
叱る、傾聴することは、部下の胸に響く行為となるでしょう。何を思っ
て事に当たるかが、その場に投影されるということをぜひ、気に留めて
頂ければと思います。

　本音で語ることほど、相手に響く言葉はありません。本音のレベルを
引き上げることが、私たちに求められているのだと思います。

5 フィードバックをする力

　次にフィードバックについてです。心理的安全性を高めるためには、適宜フィードバックするという組織風土が求められます。日本人の気質である空気を読むよりも、気づいたこと、感じたことを相手に伝えていくことを習慣化することです。ゆえに、フィードバックするほうもされるほうも、どちらもこの技能を鍛えねばなりません。フィードバックするほうは、改善を促す、気づいたことを知らせる、さらによくなる方法を提示するなどの目的で行います。

　メッセージの伝え方は、概ね以下のように整理できます。

・Ⅰメッセージ：I think～（私は思う）、I feel～（私は感じる）

・You メッセージ：You are～（あなたは～だ）

・We メッセージ：We are～（私たちは～だ）

　フィードバックをする際には、できるだけⅠメッセージを心がけるとよいと思います。

・私は〇〇と思いますが、いかがですか。

・私は〇〇と感じますが、どうでしょうか。

　このような伝え方をすることにより、相手との間にスペースを確保することができます。つまり、断定していないので、相手はそのメッセージを受け取ることもできるし、受け取らないこともできるという選択肢があるので、まだそこには余白が残っているという感覚です。

　一方、Youメッセージとは、あなたは〇〇だと押しつけられるような、決めつけられるような感覚になりがちです。相手からこのメッセージを出されると、よいこともそうでないことも、どちらも受け取りづらさを覚えます。You メッセージはⅠメッセージと違い、スペースや余白がない感覚です。ですので、できるだけ避けたほうが無難かと思います。

　最後に We メッセージですが、これは TPO によりマッチする場合としない場合があります。

・私たちはよく頑張ったと思う。

・私たちだからこの危機を乗り越えられたんだ。

　などのメッセージの出し方になりますので、受け手にとってはかなり
インパクトがあると思います。いわば、同胞意識を促進するような伝え
方になります。

　以上のように、フィードバックをするほうは、相手に受け取ってもら
うことを目的として、よく考えながら伝え方を修練されることをお勧め
します。そして次は、フィードバックされるほうの受け取り方につい
てです。フィードバックされる内容が、自分にとって都合のよいことは、
誰でも受け取りやすいものです。その逆は、なかなか受け入れるのは難
しいのが現実ではないでしょうか。ここでは受け取り方の重要性につい
て解説したいと思います。

6 フィードバックを受ける力

　次はフィードバックを受ける力を鍛える、です。私はかつて、民間の
スピーチクラブに所属していたことがあります。人前で話すことが仕事
ですので、もっとうまくなりたいと思い、毎月 2 回、スピーチクラブ
に通っていました。民間の有志による団体でしたので、特に先生はいま
せんでした。ただし、歴史のあるクラブでしたので、テキストや過去の
スピーチ動画等、学ぶための資料は山ほどありました。目指すは世界大
会という、意欲のある人にとっても、学習する環境は十分に整っていま
した。

　ある時、大きなコンテストに出場する機会を得ました。各地域のクラ
ブから有力な候補者が選ばれて、スピーチの優劣を競うのです。その時
の会場の観客は 500 人以上いました。各クラブチームの代表というこ
ともあり、大会当日まで練習につぐ練習で、クラブの仲間も仕事が終
わってから夜遅くまで、練習にお付き合い頂いたのを覚えています。

　その時の練習方法は、スピーチに対してフィードバックを受けること。
どのチームも候補者を入賞させようと、必死で練習をしていました。本

番同様の採点項目に従い、フィードバックにつぐフィードバック。熱が入ると、かなり厳しいダメ出しを受けることもしばしばでした。そうして迎えたコンテストの当日は、朝から緊張で手も足も震えていたのを覚えています。しかし本番では、観客は温かく盛大な拍手で迎えてくれ、それまでの練習の成果を十分に発揮できたと思える出来でした。

　結果は、優勝は逃したものの、辛うじて3位に入賞することができました。クラブのメンバーにも何とか顔向けできる結果を頂けたことにほっとするとともに、感謝の気持ちで一杯になりました。この時分かったことは、自分一人では決して入賞できなかったということです。自分のスピーチが響いているのかどうか、フィードバックがなければ分からなかったのです。一人の人間の視野は狭いものです。当日の審査員は20名で、色々な背景の人が審査するのです。第三者の意見をもらって完成度を上げていくこと以外、スピーチの精度を上げる方法はありません。フィードバックほど大切なことはないと、この時確信したのです。

　私はこの準備の2か月間で、飛躍的に成長できたという実感があります。忙しい仕事の合間に必死に練習し、他のクラブチームに出向き、フィードバックを求めていったのです。そこまで頑張れたのは、目的があったからです。何としてもクラブチームの期待に応えたいという意志があったからです。自分のためだけに頑張るには限界があるように思います。自分のためだけなら、半分も頑張れていなかったと思います。そしてこの経験は、その後の自分の成長ノウハウとして活かされています。

　コンサルタントという職業柄、人前で話すことが多いのですが、新しいテーマで話をするときは、事前にフィードバックを受けてから本番に臨むことが習慣になっています。これが私の成長ノウハウです。いかがでしょうか。心理的安全性の高い組織とは、良好な関係を維持することだけに注力し、生ぬるい仲良しクラブを作ることではありません。顧客に対して、社員が一丸となって最高の商品やサービスを届けることを目指し、高いレベルのパフォーマンスを約束する組織風土のことです。つまり、明確な目的のもとで、ハイレベルな目標を目指すならば、その実

現のために率直なフィードバックを受ける心構えができるのす。そして
そのフィードバックこそ、成長の要になるのです。

　私は、フィードバックを受ける力こそ、何より鍛えるべきだと思って
います。なぜなら、努力は報われるとは限らないからです。成功はどこ
にも約束されていないからです。努力が約束するのは、成長というかけ
替えのない報酬です。成長することは、人生の目的の一つだと私は考え
ています。目的と目標が明確であれば、他者からのフィードバックは最
高の教えとなります。本音で率直にフィードバックをし合う組織風土は、
心理的に安全な場作りを、間違いなく促進するはずです。フィードバッ
クを空気のように行える風土になれば、飛躍的な成長は間違いありませ
ん。

3 心理的に安全な場を作る

1 組織変革につながった会議

　これまでは心理的安全な組織を作るための考え方をお伝えしてきました。ここでは具体的に、心理的に安全な場を作る方法として、会議の進め方を例に解説をしていきます。クライアントの会議に参加すると、その会社の性格、上下の信頼感や一体感のレベルが手に取るように分かります。会議はその会社の組織風土が明らかになる場と考えています。正直、目的が分からない、ゴールが決められていない、単なる報告会でしかない会議が多いように思います。特に上位者が参加する場合、その場の空気が重たくなるのか、飾らない空気感になるのかで、心理的安全性のレベルが分かります。空気に圧を感じる会議からは、創造的なアイデアは生まれませんし、目標に向かって一丸となるような意欲を喚起することもできません。

　せっかく人が集まり、頭脳を集結するのであれば、少なくとも停滞するのではなく、前進したいものです。会議のやり方次第で、会社をよきものに変えることができます。ここで、会議によって大きな変革を成し遂げた2つの事例をご紹介いたします。

① 10年来の課題を解決した「グチ活」会議

　乳製品の加工メーカーの事例です。この会社は商品を量販店やコンビニエンスストア（以下、CVS）を中心に販売をしている会社です。特にCVSのプライベートブランドの販売比率が高く、近年このCVSの売上が落ちてきたために、私が営業支援に入りました。

　管理職を除く、現場の営業だけを集めて行った2回目の会議でのことです。問題を抽出しようしていたのですが、どうも空気が重く、表面的なことしか出てきませんでした。

　この会社は数年前に大手食品会社に買収され、経営陣は親会社からの
出向組で固められていました。近年業績が振るわず、厳しい営業会議が
常態化していたようです。会議の場は、その状況が目の前にそのまま投
影されているようでした。

　皆、最初は口数が少なく、横の人を意識しながらぽつりぽつりと発言
するという状態でした。ましてや経営陣から送り込まれたコンサルタン
トである私を前に、一体何をやらされるのだろうかと、戦々恐々として
いるようでした。みなさんが私の立場だったら、このような場をどのよ
うに仕切りますか？

　私は早速、「グチ活」会議に舵を切りました。「グチ活」会議とは、と
にかくグチを吐き出してもらう会議のことです。問題を出してください
と言っても、会社の問題＝自分ができていない現状を認めることになる
場合もありますので、このような場面ではなかなか本当の問題は出てき
ません。しかしグチであれば、問題よりも話しやすいですし、誰もが一
つや二つの不満はあるものです。

　「グチ活」会議のやり方は、時間を決め、守秘義務を約束し、無記名
で付箋紙に書き出してもらうというものです。時間限定という「ここだ
けのお話」という特別感を演出し、守秘義務を約束することで安心感を
醸成します。また、話すよりも付箋紙に書いてもらうことで心理的ハー
ドルを下げるという効果を期待します。ここで肝心なことは、ファシリ
テーターが心理的に安全な場を自ら作り出すことです。そのため、「グ
チ活」会議の切り出し方は、例えば以下のようになります。

　「どこの会社でも問題はあります。いや、問題のない会社なんてほと
んどありません。そして、誰にでも不平や不満はありますよ。もちろ
ん、私にも聞いてもらいたいグチはたくさんあります（笑）。たまには
たまっているグチを吐き出してみましょう。グチは上司の悪口でも構い
ません。この場には守秘義務があります。ここで語られたことは口外し
ませんし、みなさんもそのことを約束してください。よろしいですか？
それでは、思っていること、頭に浮かんでいること、何でも構いませ

ん。付箋紙にグチを書き出しましょう。制限時間は10分です。それでは、スタート！」という感じです。できるだけ明るく、楽しい雰囲気を作り、ゲームのように進行することがポイントです。

　私たちは、これまでグチはいけないことだと教えられてきました。しかしグチとは、裏を返せばありたい姿を希求する心の声なのです。グチを集めて、優先順位をつければ組織の課題が浮かび上がってきます。その課題に優先順位をつけて解決策を考えれば、立派な業務改善会議になるのです。何より、グチは本音で語られます。忖度したグチなどないのです。業務改善策を出させる前に、「グチ活」会議を行いましょう。一度誰かがグチの口火を切れば、もうその流れは止まりません。必要なのは、目の前の小石を取り除くことだけです。

　さて、この会社で上記のような「グチ活」会議を行った結果、どうなったと思いますか。あるベテラン営業の口から出たグチが、問題の本質を浮き彫りにしました。「10年来抱えている問題があるんです」と前置きした上で、その方が提示された付箋紙には「商品開発のスピードが遅い」と書かれていました。私はその方の前置きと付箋紙の文字を見た時、何かとても重大なことを提示しているのではないかと感じました。そして、改めて確認の質問をしました。「本当にこれが、10年来解決できていない問題なんですね？」と。その時、周囲の人の顔を見渡すと、みながじっとこちらを見つめ、うなずいたのです。

　私はこの問題について、より詳しい内容の説明を求めました。その内容を要約すると以下のようなものでした。
・他社よりも商品開発の納期が1か月ほど遅い
・開発には商品企画、マーケティング部、工場、監査部が関わるが、どこで止まっているのか分からない
・この問題はクライアントから常に指摘されており、大型の案件が他社に流れ始めている
・このような事態が続けば信頼を失い、さらに業績は悪化する

　問題は分かっているのにその問題が解決されず、先送りされている
ケースはたくさんあります。しかし、会社の売上の 30 ％近くを担う部
署のクライアントからの信頼が揺らいでいる状況です。問題が明らかで
あるにもかかわらず、未解決のまま 10 年も放置されていたことに驚き
ました。「グチ活」会議を行っていると、組織のボトルネックを発見す
ることが多々あります。ボトルネックとは、そこさえ開けば状況は一気
に好転するというポイントのことです。このケースはまさに、このボト
ルネックに相当する問題だったのです。このように、心理的安全性が低
い組織は、そのボトルネックがいつまでも解決できないのです。フォル
クスワーゲンのディーゼルゲート事件もタイタニック号の沈没も本質は
全く同じなのです。

　私は改めてこの問題の重要性を解説し、この問題を解決することが今
回のミッションであると宣言しました。その後は、この問題を解決する
ための話し合いに切り替えて、解決策を検討しました。その結果、商品
開発に関わる部署の責任者を集めて会議を行うことを決定しました。そ
の会議を開催してさらに明らかになったことは、どの部署も自分には
責任がないと思っていたことです。他部署のせいだと思っていたのです。
つまり、他責による思考停止状態です。この光景は、私にとってはデ
ジャブのように繰り返されるシーンです。

　私は問題を以下のように整理しました。
・プロダクトの責任者を決める
・開発工程を見える化し、タスクスケジュールを共有する
・定例会議を行い、進捗の共有をはかる

　会議を重ねるたびに、徐々にメンバーの意識が自部署ではなくクライ
アントに向き始めました。こうなると不思議なことが起こります。セレ
ンディピティ（偶発的な幸運）とも思えるような、大型の商品開発の依
頼が、期限内に間に合うならという前提で舞い込んできたのです。これ
までの取り組みで、体制は既に整備されつつありました。結果としてこ
の案件を受注し、納期通りに納めることができました。この案件のおか

げで、赤字に転落しそうだった業績は黒字に転じたのです。

　心理的に安全な組織は人間関係だけにフォーカスをすると、生ぬるい組織が出来上がります。顧客に向けて、商品やサービスを提供することが企業の目的です。その目的を高い基準に設定することで、成長と学習が起こります。内なる社内は心理的安全性を高め、外なる顧客へも高い基準を定めることで、人と企業の成長と発展が動きだすのです。心理的に安全な場は、この内と外の２軸が必要だということを、改めてお伝えします。

②目安箱の設置が変革の鍵

　2017年から業績向上のために営業支援に入った大手ＩＴの販売会社の事例です。当初は１年かけて行った営業変革プロジェクトの甲斐があって、その年の業績は向上しました。しかし私から見て、まだまだその仕組みの定着までには至っておらず、プロジェクトの継続を提案したのですが、社長は来年度は学んだことを内製化で行いたいとの意向でしたので、その後の営業支援継続はかないませんでした。

　ところが、その後再び業績が悪化し、社長から、根本的な組織変革をどうしたら実現できるのかとの相談を再び受けます。私は経営陣の意識改革の必要性を訴えました。その意をくみ取って頂き、経営陣への意識改革プロジェクトが新たにスタートしました。約半年が経過した頃、ある役員から「営業所長との間に温度差を感じる」との発言がありました。こちらの思いを伝えても、その意図が伝わらないという違和感があったのです。

　その発言を受けて、急遽「目安箱」の設置を提案し、無記名で営業所長の本音を聞くという企画を実施しました。蓋を開けてみたら、経営陣のパワハラ、立て続けの離職者増、曖昧な指示命令による戸惑い、社内資料の提出の多さ等々、経営陣からすると思ってもいなかった不満が噴出したのです。この状況を真摯に受け止めて改善をはかりたいとの意向を受け、研修の軸足を経営陣から営業所長へとシフトしました。まずは

上記の不満を整理し、緊急かつ重要な問題を重点化しました。これまでの経緯を要約すると以下の通りになります。

・本社から赤字経営の立て直しの命を受けて、4 年前に現在の経営陣が送り込まれた
・典型的な体育会系リーダーを営業本部長に据えて、新たな組織体制がスタートした
・営業本部長はこれまでの旧経営陣のやり方をバッサリ否定
・営業所長たちにもその責任の一端はあると、こちらも真向否定
・営業所長たちは悔しさを抱えながらの不平不満を募らせていった

　経営側からすると、すべては本社の期待とその責任感から発露された言動であったでしょう。その背景を理解できないわけではありません。これも 20 年前だったら正当化されたであろう手法かもしれません。しかしこの VUCA の時代に、このような高圧的な外的刺激によるマネジメントはもはや通用しないのです。それが経営陣と営業所長との「温度差」となり、結果が目安箱に現れたのです。

　この問題が表に出てしまった以上、両者ともに向き合わざるを得ません。一方で私は、これが変革の機会になると確信していました。

　その後、経営陣と営業所長との対話の場を設けて、問題の検討会議を実施しました。私はその場で「会社は経営者が変わっただけではうまくいきません。それぞれの役割を踏まえて、機能化することが重要です。そのためには思いを伝え合う、意思疎通ができる環境を作ることが必要です」とお伝えしました。そして今後はトップダウンで組織を動かすのではなく、しかるべき権限委譲をはかり、ビジョンを共有することが重要であることもお伝えしました。その後、経営陣も営業所長への権限委譲と役割を認め、所長自らが事業方針を考え、発表するという場を設けることとなりました。その発表会後の懇親会の席で、社長から「本日の営業所長の事業方針を聞き、ようやくあるべきゴールに向け一体となって走ることができると確信できた」とのコメントを頂きました。4 年が

かりのプロジェクト。経営陣の総入れ替え、赤字経営の脱却という本社からの重責を担った強烈なトップダウン。誰も会社を悪くしようと思っている人はいませんでした。ただ、そのやり方が分からなかったのです。これは現在でも、日本の至るところで散見される事象でもあります。要は会社を良くするという前提で「本音を話し合うこと」です。もはや、建前は通用しません。本音で語ることが心理的安全性を高めるキーワードなのです。

2 会議の進め方

　ここでは心理的安全性を高める会議の進め方をお伝えしていきます。会議のやり方には目的に応じて様々な手法があります。今回はオーソドックスな会議をベースに、基本的なことも含めて、押さえるべき以下の7つのポイントを解説します。

①アジェンダを事前に共有する

　リアルであってもリモートであっても、人が一堂に会して頭脳を集結する会議は、私は大変意義のあることだと思っています。前述した2つの事例をご覧頂ければ、その意義はご理解頂けるかと思います。心理的安全性が担保され目的が共有できれば、変革の場となったり、大きく前進する機会となったりするのです。ですので、私はそれが定例的に開催される少人数の会議であっても、事前にアジェンダをメンバーに周知することをお勧めします。終わったあとに、この時間は何だったのかというような会議ほど、無駄な時間はありません。

　会議のアジェンダで埋めるべき項目は、他の書籍にたくさん書かれておりますので、ここでは割愛させて頂きます。アジェンダで最も重要だと思うのは、目的とゴールの明記です。この会議は何のために行うものなのか、そしてこの会議の時間を使って、何を得たいのかを明確にすることです。自分が主催して会議をしても、誰も自分からしゃべろうとし

ないとか、意見やアイデアが出てこないとかの声をよく聞きます。その
ような場合は、アジェンダに以下のように明記することです。例えば、
「○○についての意見を全員にお聞きしますので、自分の考えをまとめ
た上、会議にご参加ください」などです。

　目的とゴールを実現することが会議の狙いですので、その実現に少し
でも近づけるためにはどうしたらよいのか、考える習慣をつけるとよい
と思います。

②ファシリテーターの役割

　会議にはファシリテーターが必要です。ファシリテーターとは、会議
やプロジェクトなどの集団活動が首尾よく運ぶように支援する人、と定
義されます。単なる司会進行役ではありません。目的に向かって、会議
を導く推進役です。そういうわけで、できればその会議を主催する人が
ファシリテートすることが望ましいと思います。その人が目的を実現し
たいと強く思って会議を開催するわけですから、ゴールのイメージも誰
よりも強く描けるはずです。思いの強さと実現力は比例します。私は
これまで数々の会議のファシリテートをしてきました。その経験から、
ファシリテーターとして大切な心構えをお伝えしたいと思います。

　その心構えとは、「ファシリテーターのあり方が会議に投影される」
というものです。意外に思われるかもしれませんが、ファシリテーター
がどのような心構えで臨むかによって会議の色は決まります。ファシリ
テーターが及び腰になれば、はっきりしない不安定な場になりますし、
緊張な面持ちで臨めば、よそよそしい空気の中で落ち着かない場になり
ます。それほど繊細な空気が、その場を支配しているということを覚え
ておいてください。

　ではそうならないために、どうしたらよいのでしょうか。それは準備
をすることです。既に、アジェンダに目的とゴールを明記しているはず
です。その2つを達成するために、誰に何をどうしてほしいのか、どん
な場を作り出せばそれを実現できるのかを事前に考え、準備をするこ

とです。私はあまりにも無防備に会議に臨む人が多いように思っています。自分が思うような会議ができたという経験を積めば積むほど、人と場を洞察する力は向上します。そして、自分の影響力が高まるのです。ファシリテート力を修練してください。「会議を制する者は、ビジネス人生を制す」です。これは私の経験上、間違いありません。

③アイスブレイク

　アイスブレイクは、その場の緊張感をほぐすという効果があります。会議の目的と集まるメンバーにもよりますが、アイスブレイクを挟むことにより、緊張がほぐれて場の空気が和み、会議が進めやすくなります。特に参加者に初対面の人が多い場合は、簡単な自己紹介をしてもらってもいいですし、会議に参加している今の気持ちをシェアしてもらってもよいと思います。

　私は、「チェックイン」という手法をよく使います。午後の会議などでは、仕事モードのまま会議に参加する人も多いと思います。納期に追われていたり、クレームを受けた直後だったり、翌日のプレゼンテーションのことが気になっていたりと、様々な状況で参加されます。各自が今の心の状態に気づき、それを口に出し、話してもらうことで、不安や緊張を緩和させるなどの効果があります。これを心理学用語でカタルシス効果と言います。これも心理的に安全な場作りの方法ですので、活用してみてください。

④タイムスケジュールの管理

　会議を進める上で重要なことは、時間を厳守することです。遅れてくる人もいるかもしれませんが、人を集めて時間を預かっているのですから、時間通りに始まり、時間通りに終えることは主催者の義務であり、責任です。そのためには事前にしっかりとタイムスケジュールを引いて、時間管理をすることが重要です。長い会議の時には休憩時間も考慮に入れ、参加者が集中できるように運営することを心がけましょう。毎回時

間が伸びてしまうような運営を続けると、その会議に対する印象が下がります。面倒くさい、あまり出たくないという参加者の心理は、その場に投影されます。会議の運営とは、集団心理の管理であるということを忘れないでください。

⑤「今感じていること」を言葉にする

　会議でよくある風景は、意見が出ずに押し黙るというシーンではないでしょうか。また、ポジションの高い人、声の大きい人に引きずられ、不本意な結論になってしまうこともよくあります。これは、第1章で解説した4つの自己印象操作の影響によるものです。誰も自分が「無知」、「無能」、「邪魔」、「否定的」だと思われたくないのです。そして、この心理的作用と日本人特有の応分の場が相まって、上記のようなシーンが起こってしまうのです。このような会議の弊害は、参加者が決まったことに納得していないので、実行されないという事態になることです。このような場合、大抵は会議が終わったあとのインフォーマルな場で、「さっきの会議は……」という話になるのですが、フォーマルな会議での決定は組織の総意ということになります。つまり会議の場で意見を言わなければ、意味がありません。

　ここで改めて、集団心理を察することが重要だと申し上げます。ポジションの高い人、声の大きい人の意見で結論が決まりそうな時に、「心」は反応しています。言葉はいくらでも繕えますが、心の反応は抑えることができません。心の機能については次の章で詳しく解説しますが、表面的な言葉を捉えるのではなく、「気配を感じる」ことです。ファシリテーターは、その場の空気に敏感になることです。自分が感じていることは、たいてい他の人も同じことを感じているものです。そこで場が押し黙ったり、会議が間違った方向に進みそうになったりした時には、メンバーにこう問いかけるのです。

　「今、何を感じていますか？」と。

　ここでは、全員に「感じている」ことをコメントしてもらいます。意

見を言うには躊躇がありますが、感じていることを口にすることは、意見を述べるよりも抵抗感が薄れます。なぜなら、それはあくまでも自分がそう感じているということであり、そのことを批判することは誰もできないからです。この場合、自己印象操作は発動されません。

　この質問を投げかけると、「もう少し、議論をしたほうがいいと思います」、「別の部署の意見も聞いてみたいです」、「なんか、少し違和感があります」というようなコメントが出てくるかもしれません。

　先日ある食品メーカーの営業会議で、ファシリテーターを担っていた時のことです。営業本部長と営業所長の方々で、来期の戦略と方針を決める会議を行っていました。8人のメンバー構成です。トップダウンで人を動かす典型的な日本の組織です。その会社の来期の営業方針を決める重要な場でした。議題は、新規顧客が増えないので業績が頭打ちとなっていることについて。その為に、新規開拓をどう進めていけばよいのかというのが、中心テーマでした。

　営業本部長は、ここ何年間も新規顧客が増えていないことに危機感を抱いていました。来期は何としても売上の10％を新規顧客で作りたいという意向です。そのためには、営業活動の50％を新規開拓に注ぐこと、と方針を打ち出しました。それに対する営業所長の反応は、全員が下を向いて押し黙っているばかりでした。

　私はしばらく、その重たい空気を感じたあと、例の質問を投げました。「今、何を感じていますか？」

　その時の7人の所長のコメントは以下のようなものでした。
・「確かに新規が増えていないことは自覚しています」
・「これまで既存の顧客を守ることに精一杯でした」
・「正直、社内資料の作成に時間が取られて、思うように営業に行けていません」
・「人が辞めてしまって、時間がありません」
・「どこに営業をすればよいのか、定まりません」
・「若手が育たず、既存の大きい顧客を任せられません」

・「どうやって新規を開拓したらよいのか分かりません」

　このような全員のコメントを聞いた上で、営業本部長に改めて同じ質問をしました。それからさらに立て続けに、このやり取りを3周回しました。3周終えた時には空気が一変しており、このテーマを全員で「議論する」という場に移行していたのです。繰り返しになりますが、誰かに「意見」を求めると自己印象操作が始まり、バイアスがかかります。しかし、「感じていること」を口にするのは、非難される余地がありません。つまり心理的安全性は担保されるのです。

　そうやって運営した会議の結論を、ご参考程度にお伝えします。新規開拓をやらなければ未来は先細り、発展はない、という認識を全員が共有しました。その上で、新規開拓をする価値がある、伸びしろがあり発展している企業を選定、次回の会議でターゲットリストと選定理由、具体的な新規開拓のやり方をそれぞれの所長から発表するという結論に至りました。このように、会議の運営次第で会社の未来が変わることをご理解頂ければと思います。

⑥役割と行動計画の決定

　会議の方向性が合意されたら、そこで終了でありません。ここで「お開き」にしてしまうと、せっかく議論し決定したにもかかわらず、実行が伴わずに不十分な結果に終わってしまうことが多々あります。さらに、決めたのに継続できないというのは起こりがちな現象です。

　なぜそのようなことになってしまうのかというと、行動計画にまで落とし込まないからです。人の行動力は、計画の具体性に比例します。例えば、以下に挙げる指示の内容を比べてみてください。

　「それでは、次回までに新規開拓について、考えてきてください」で終わるもの。

　「それでは、次回までに伸びしろのある新規顧客ターゲットを20社リストアップしてきてください。そして、その選定理由と新規開拓のアプローチの方法を具体的に考えてきてください。次回は、準備した内容

を一人10分で発表してもらいます。よろしいでしょうか？」というところまで落とし込んだもの。次回までの準備のレベルが明らかに変わるはずです。

　さらに行動計画に落とし込むとある種の強制力が働くのは、その場の全員が合意することになるからです。

　最後の「よろしいでしょうか？」という念押しの一言に異論がなければ、全員が合意したということになります。その合意もまた、準備のレベルに影響します。なぜなら、もし次回の会議で誰かの準備が不十分であれば、「前回みんなで決めたはずなのに、なぜやってこなかったのですか」という展開に持っていけるからです。私は、性悪説か性善説かと言われれば、もちろん性善説に立ちます。ただし、「人間性善なれど、怠惰なり」が妥当な解釈であると思っています。その前提で臨むならば、心理的に有効な手段は使いこなします。なぜならば、人の気持ちに寄りすぎると、生ぬるい結果にしかならないからです。心理的安全な組織とは、安全な人間関係とともに、顧客に高いレベルの商品とサービス提供することです。

　このように、しっかりと行動計画にまで落とし込んではじめて、決定したことが実行されるということをご理解ください。決めたのにできない、継続できないというのは、行動計画への落とし込みが甘いからです。5W1Hを意識して、各人の役割を決めて、行動計画に落とし込みましょう。

⑦リフレクション
　人の成長をはかる上で大切なのは「気づき」です。人は気づいた瞬間、意識が変わります。固定観念が書き換わる瞬間が、気づきであると言うこともできます。つまり、気づきは成長そのものなのです。その気づきを誘発するためには、リフレクション（内省）の時間を設けることがポイントになります。

　私は、人と組織は成長するという前提に立っております。成長するた

めには、学習する状況を意図的に作ることが必要です。マサチューセッツ工科大学のピーター・M・センゲ教授は「学習する組織」の重要性を説きました。何かを成し遂げることと同時に、学び、成長し続ける組織を作ることは、何より重要なことであると述べているのです。そのような組織作りの要諦を5つのディシプリンとして定義しました。他の定義はここでは割愛しますが、その中のひとつに「チーム学習」というディシプリンがあります。チーム学習について、センゲは以下のように述べています。

「個人の学習は、組織の学習と関連がない。個人はいつも学習しようとするが、組織学習は自発的には起こらない。しかし、チームが学習する思考を身につければ、組織の至るところに学習する縮図ができる。そこで得られた洞察は、行動に反映され、開発された技術やノウハウは他のチームへと伝搬する」

このようにチームで学習する思考を鍛えることは、組織の成長と発展にダイレクトに寄与することになります。そのために、会議もまた、組織が成長するための学習の機会と捉えることが大切だと思います。

上記のような背景から、私は会議の最後にはリフレクションの時間を設けるようにしています。その時の質問は以下になります。

「この会議の時間を振り返りましょう。この時間を通して、気づいたこと、学んだことは何ですか？」

この問いを全員に考えてもらい、言葉にしてもらいます。ここでのコメントは様々ですが、下記に例を挙げておきます。

「他責にせずに、思考を止めないことの重要性が理解できた」
「一人で悩まずに全員で考えると、答えまで導けることが実感できた」
「これまでの固定観念に左右されていることが分かった」
「みんなの共通の思いがあるということを、改めて感じられた」

また、あえてここでは項目に入れませんでしたが、会議の議事録を残すことは必須です。心理的安全な組織を目指すのであれば、会議で話し合われたことはすべて記録に残し、オープンにしたほうがよいと思いま

す。会議は会社の資産である人、場所、コストを使って行われる公の行為です。その時間で話されたことは、会社のノウハウとして記録に残しましょう。議事録は残され、共有されるという前提に立つことで、よい意味での緊張感と責任意識が醸成されることと思います。その結果、よい循環が回りだします。

⑧質問を中心に行う

　最後に、「会議を効果的に進めるポイントは質問にあり」ということを解説します。質問をする、それに答えるという流れで会議が進行できれば、実りのある会議となることは間違いありません。しかし、質問をすることに慣れていない人が多いので、このような会議をやろうとしても、実際は難しいでしょう。しかしファシリテーターが意見やコメントではなく、率先して質問をすることは可能です。そのようなわけで、この項では質問の意義や種類、投げかけ方についてご紹介します。そして質問を中心に行う会議運営は、心理的安全な場を作るということも、併せてご理解頂ければと思います。

　最初に、質問とは何か、について解説します。かつて、天才科学者のアインシュタインは「もしあなたが死にそうな状況になって、助かる方法を考えるのに1時間あるとしたら、どんなことをしますか？」という問いに対し、「最初の55分は適切な質問を探すのに費やすだろう」と答えています。そうです、すべての答えの前には、必ず問いが先行するのです。そして、どのような質問をするかによって、回答が全く変わってきます。

　例えば、「この仕事はうまくいくと思いますか？」という質問と、「どうすればこの仕事はうまくいくと思いますか？」という質問では、相手から得られる回答は全く違うものになります。前者はうまくいくかどうかの可能性を聞いているので、回答は「うまくいくと思います」、もしくは「うまくいかないと思います」のどちらかです。その後に「なぜならば」と理由の説明を述べることになるでしょう。一方後者は「どうす

100

れば」と聞いているので、質問された側はうまくいく方法を考えることになります。これがアインシュタインが「ほとんどの時間を適切な質問を探すことに費やす」と回答した理由です。

　さらにアインシュタインの言葉を補足するならば、「誰も投げかけられた質問を無視することはできない」ということです。人は質問をされると自動的に考える、という思考回路になっています。例えば目の前の人から「今日のお昼ご飯は何を食べましたか？」、「今、一番気になっていることは何ですか？」などの質問をされて、無視することはできるでしょうか。もし無視できるとすれば、それは聞こえていないか、意地悪な人だけです。

　私たちは幼少期から、質問され、それに答えるという行為を繰り返してきました。幼稚園の先生は「この動物は何という名前でしょうか？」と私たちに問いかけてきたのです。小学校に上がれば、テストと称して設問に答えるという行為を、徹底的に仕込まれてきたのです。このようにして、質問されたら答えねばならないという思考回路が出来上がりました。これが、投げかけられた質問を無視できない理由です。

　そして、この仕組みを意図的に活用することで、コミュニケーションの質を上げることができます。元マッキンゼー日本支社長の大前研一氏も「質問する力こそが、人生やビジネスにとって最大の武器になる」と述べています。

　質問の効果についてさらに申し上げると、ポジションの高い人、声の大きい人に会議が引っ張られると前述しましたが、質問にはそれ以上のパワーがあります。

　例えば、「新規開拓を、営業活動の50％を懸けてやるように。来期は10％の売上を新規で上げるんだ」と上席者が会議で発言したとします。それに対して「それは無理です」と反論するのは難しいでしょう。しかし、「この件について考える時間を頂けますか？」と返すことはできるのです。そして、反論に比べて質問のほうが、心理的ハードルは下がります。質問を受けたほうも反論より受け取りやすいので、心理的負担は

軽くなります。このように、質問をして答えるという会議運営ができれば、心理的安全性は高まります。質問のレベルが上がれば思考の質が上がり、その結果会議の質も上がるのです。

　それでは次に、質問の種類と使い方について解説します。質問は「クローズ質問」と「オープン質問」に分けられます。前者は「はい」、「いいえ」で答えられるもの、もしくは答えが一つしかないような、限定された質問です。

　「カレーは好きですか？」
　「沖縄に行ったことはありますか？」
　「身長は何センチですか？」など。

　一方「オープン質問」とは、考えないと答えが出てこないような質問で、過去ではなく未来に向けた質問を指します。
　「どうしたらうまくいくと思いますか？」
　「何が好きですか？」
　「誰と一緒にやりたいですか？」
　「いつまでに提出すればよろしいですか？」など。

　つまり、５Ｗ１Ｈをセンテンスに組み込むと、「オープン質問」になります。中でもWhy（なぜ）は、原因や理由の本質を衝く類の質問になります。ただ、これを多用すると質問が「詰問」になりますので、注意が必要です。トヨタが製造過程で生じる問題の再発防止のために、真の原因を突き止める「５Whys」を活用していることは有名です。つまり、「なぜ」を５回繰り返せば、真因を突き止められるということです。

　しかしこの方法は、自分に問いかけるから有効なのであって、他人から「なぜ」を５連発されたら、心理的反発が起こるでしょう。このように、効果的な問いほど相手の心理に気を配りながら、慎重に活用する必要があります。質問にはその場を制する程のパワーがありますから、

なおさらのことです。

　このように、質問は大きく2つに分けることができます。どちらがよいということはありませんが、後者を多用すると考える時間が増えるので、双方を場面に応じて使い分けることをお勧めします。

　また日本語の特性として、主語が曖昧になることが多々あります。そのため、私は「誰（Who）」という質問を活用しています。「誰が言っているのですか？」、「誰が指示したのですか？」と問いかけることで、文脈が明確になります。これは決して、犯人捜しをしたいのではありません。主語をはっきりさせることにより、対処する方法を考えたいのです。特に私の場合は、接触頻度が浅いクライアントに、主語が曖昧なまま会話を進められてしまうと、勘違いしてしまうことがあります。また、「誰が」と聞くことで、それまで口ごもって躊躇していた問題が表出し、その話題と向き合う覚悟が定まるということもあります。つまり私は、曖昧な主語をはっきりとさせ、文脈を明確にし、躊躇のある話題への覚悟を定めるために、この質問を意図的に使うようにしています。

第 4 章　まとめ

■日本人の精神的特徴は以下の 3 つである。

　・応分の場でアイデンティを見出している

　・応分の場から逸脱することは恥ずかしいことと考える

　・恥をかかないように、周囲の動きを観察しながら同調的に動く

■日本人は前提が変われば応分の場が変わるので、目的を明確にすることで組織は変わる。

■リーダーシップとは「意志」のことであり、これからのリーダーには本音を語ることが求められる。

■バブル世代は古い固定観念を変えるべき。上司である自分は部下よりも偉いから、部下は指示に従うべきだという観念を払拭せよ。

■心理的に安全な組織の作り方

　・透明であること

　・ノンジャッジメントというあり方

　・操作主義に陥らない

　・フィードバックする力を鍛える

　・フィードバックを受ける力を鍛える

■心理的に安全な会議を行う方法

　・アジェンダを事前に共有する

　・アイスブレイクを行う

　・タイムスケジュールを管理する

　・「今感じていること」を言葉にしてもらう

　・役割と行動計画を決定する

　・リフレクションの時間を取る

　・質問を中心に行う

第5章

自分の心理的安全性の
高め方

私の1体験

　これまでは、組織における心理的安全性の高め方について述べてきました。この章では、「自分自身の心理的安全性の高め方」というテーマで述べてみたいと思います。

　ここで少し、自分の体験をシェアさせてください。私は5年前に生死をさ迷う大病をしました。脳卒中です。あと10分、救急病院への到着が遅れていたら、この書籍がこのように世に出ることはなかったでしょう。私は奇跡的に生き残ることができました。このような体験から、私はこれまでのストレスフルな生活から脱却しようと決意しました。そしてその境地を、このマインドフルネス瞑想に見出したのです。

　この章では、そんな私の実体験から、人は誰でも変われるということをお伝えしたいと思います。決して上から目線で申し上げているのではなく、こんな私でも変わることができたということをお伝えしたいのです。大病を引き起こした原因は明らかでした。仕事に追われ、そのストレスにより食生活が乱れ、血圧が高まっていました。しかし、その健康診断の結果も無視し続けた、当然の報いだったのです。

　当時の生活を振り返ると、平日は仕事とお酒、休日は無気力にダラダラと一日を過ごしていました。一体何のために生きているのかよく分からない状態でした。

　しかし、マインドフルネス瞑想を学び実践を重ねてきた結果、今では平穏な日々を送り、ストレスとは無縁の世界にいます。この体験を伝えることで、一人でも多くの人たちがマインドフルネス瞑想を学び、日常に取り入れてほしいと願っています。そして誰でも、人生をよりよきものに変えることができると、自信を持ってお伝えします。

　組織の心理的安全性を高めて、働きやすさと働き甲斐の両方を高めることは重要です。その根底には、ウェルビーイング（Well-being/ 幸福）への希求があるはずです。であるならば、やはり自分の健康と幸福を実

現することが心理的安全性を高めることにつながるのは、間違いありません。

そして、瞑想は東洋が発祥の地です。仏陀の原始仏教に近いとされる上座部仏教で説く、ヴィパッサナー瞑想が起源とも言われています。そして、今から 40 年前にマサチューセッツ大学医学大学院のジョン・カバットジン教授が、東洋の瞑想を西洋科学と統合して体系化したものです。

日本の工業化は西洋のノウハウから学び、日本流にアレンジして発展してきました。一方マインドフルネス瞑想は、東洋のものが西洋で体系化されたものなのです。どちらも双方の一体、融合へと向かった結果であり、相互に影響し合って発展してきたのです。

私はここでも、ヘーゲルの弁証法の一である、「対立物の相互浸透の法則」を感じずにはいられません。この混沌とした時代は、表面的には分離、分断が際立っているように映ります。しかし大きな流れは、融合と一体へと向かっているように感じるのです。

その一体の極は、自分自身との一体です。人生の目的の一は、本当の自己との統合だと言われています。自分を責めたり、苦しめたり、否定したりすることからそろそろ脱却しましょう。マインドフルネス瞑想には、慈悲の瞑想というものがあります。その中でも、特にセルフコンパッションを大切にしています。セルフコンパッションとは自己への慈悲であり、自己受容のことです。他人を思いやり、いたわるように自分に寄り添うという瞑想法です。自分が幸せでありますようにとの祈りです。

Google のプロジェクト・アリストテレスは、パフォーマンスの高いチームの 5 つの要因を特定しました。その一つに心理的安全性の高さが影響していると確定しました。そしてその心理的安全性は、他の 4 つの因子を機能させるための、根底にあるものだと結論づけたのです。

そして、Google の自己開発責任者のチャディー・メン・タン氏は、「サーチ・インサイド・ユアセルフ」という研修をプログラム化しまし

た。Google で一番人気のある講座とのことです。そしてその研修こそ
が、マインドフルネス瞑想法を学び、実践するものなのです。

　組織の心理的安全性を高めることは、ウェルビーイング（Well-
being）を高めることに他なりません。その究極は自分の心理的安全性
を高めることであり、自己統合を目指すことなのです。この章では心の
機能について解説し、マインドフルネス瞑想法について、その内容と私
が日常に取り入れているやり方を解説していきます。

2 マインドフルネス瞑想法

1 心の機能

　スマートフォンが普及し、SNS が生活の一部となっている現代社会。気軽に誰とでもつながれる世の中になったのは、とても喜ばしいことです。しかしその一方で、情報の洪水に飲み込まれ、SNS の世界で飛び交う未成熟で乱暴な言葉の連打による私たちの精神的な疲労や苦痛は、10 年前とは比べものにならないほどです。

　このような乱雑な世界に無防備に立ち向かうことほど、危険なことはありません。それはあたかも、未開のジャングルに何も持たずに入っていくようなものです。脳卒中で倒れるまで、私もそのことを知りませんでした。つまり、無防備に何も考えずに、ジャングルの真っただ中に一人たたずんでいたのです。

　これから述べることは、自分のことでありながら、多くの人にとって盲点となっていることです。一番身近にあるにもかかわらず、そのことに気づいてすらいなかったことなのです。それは「心」の機能についてです。心に関心を払ってこなかったので、不安症やうつ病、統合失調症などの患者は増え続けているのです。私たちが理解しなければならないのは、心の機能を知ることです。マインドフルネス瞑想を解説する前に、まずは心の機能について述べていきます。

　一言で述べるならば、心の機能とは反応です。出来事や相手の言葉に心は反応します。心の初期反応は制御できません。褒められればうれしいですし、非難されれば悲しくなります。また、心は風船のようでもあり、押されれば反発します。さらに、その反応を気にすればするほど、余計なものをどんどんくっつけて増幅するという仕組みになっています。

　例えば脳の中心部に、原始的な機能を司る扁桃体という部位があります。かつて、まだ狩猟を生きる糧にしていた時代に、目の前に敵が現れ

109

た時に「闘争」するか「逃走」するかを瞬時に判断するために培われた機能を持ちます。心が増幅する例として、思わずカッとなって友人に酷いことを言ってしまったという経験は、誰にでも一度や二度はあると思います。これをマインドフルネス瞑想では、扁桃体にハイジャックされた状態と言います。

　このように心と脳は連動しており、その状況に応じて、脳内から伝達物質が分泌されます。その結果、感情を作り出しているのです。

　この基本的な心の機能を理解できたら、次は心に対する認識を変えることです。多くの人は、心を自分そのものと考えています。だからひどい言葉を言われると、自分そのものが傷ついたと捉えてしまうのです。心＝自分と捉えている限り、感情に振り回されるという日常から抜け出すことはできません。心の機能は反応であり、反応した結果として表れるのが感情というわけです。

　繰り返しになりますが、重要なことは、心＝自分と捉えるのではなく、一つの機能に過ぎないということです。そう捉えることができたならば、自分と一体となっていた心は、対象として客体化されます。

　感情も同じです。感情は、特に身体への反応として表れます。身体の反応が感情になって表れるという言い方が分かりやすいかもしれません。幸せを感じると、胸のあたりが温かくなります。ストレスを感じると、胃が痛みます。怒りを覚えると、頭が熱くなるのです。心も身体も感情も自分の一部ではありますが、自分自身ではないと捉えることが大切です。

　それでは本当の自分とは何でしょうか。それは、心や身体や感情を少し引いたところから観察している「意識」のことです。この純粋で無色透明な「意識」こそが、真の自己であると捉えることです。

　大空に雲が浮かんでいるところを想像してみてください。この広大な「空」に色々なカタチの「雲」が浮かんでいます。薄いもの、濃いもの、白いものもあれば黒いものもあります。「雲」は変化し続けています。そして風に流されて、やがて消えていきます。「雲」は「空」に浮

かぶただの一時的な現象に過ぎません。私たちの思考や感情、身体は、この「雲」と同じです。弱いものもあれば、強いものもあります。ポジティブなものもあれば、ネガティブなものもあります。しかしどれもいずれは消えていく、「無常」なものなのです。

　一方で私たちの存在は、この「空」にたとえることができます。どれだけ分厚い雲であっても、雲の跡が空に残ることは決してありません。どんなに激しい雨が降ろうとも、「空」自体が影響を受けることはないのです。「空」＝「意識」は永遠なのです。

　どれだけつらい思考で悩まされても、どれだけ激しい感情に揺さぶられても、揺らがない自分が「意識」なのです。この「意識」は、あらゆる生命の源であり、あらゆる生命の根っこの深い部分とつながっています。

　このような考え方を体感する方法として、瞑想は数千年という長い歴史を経て、受け継がれてきたのです。瞑想を実践することで、すべては「諸行無常」であることに気づきます。心や身体が鎮まることで無我の境地が訪れ、本当の自分が立ち上がってくるのです。このような古くから伝わっている東洋思想が、マインドフルネス瞑想の根底に流れているのです。

　この心の機能と、本当の自分を理解することが、自分の心理的安全性を高め、ウェルビーイング（Well-being）を高める第一歩になります。ご理解頂けたでしょうか。

　それではマインドフルネス瞑想について、次項以降で解説していきたいと思います。

2 マインドフルネス瞑想　発展の歴史と背景

①マインドフルネス瞑想の背景

　マインドフルネス瞑想法は、仏陀が説いた「人生の苦悩から解放されるための心のトレーニング法」の流れからそのエッセンスを抽出し、宗

教色を外して、誰にでもできるように体系化したものです。

　欧米では 1960〜70 年代に、ヒッピーと呼ばれる若者たちが出現しました。ヒッピーとは、自然への回帰を主張し、伝統や制度など既成の価値観に縛られた社会生活を否定する、当時の若者たちのことです。それと同時に精神世界ブームも起こり、このヒッピーと精神世界の双方で瞑想が注目されていく中で、少し浮世離れした人たちが行うものという印象とともに、瞑想が広まっていったのです。

　現在の欧米では、ヨガ、禅、瞑想などが学べるセンターが各地に設置されています。一方、禅や仏教に古くから親しんできたはずの日本における瞑想の浸透は、欧米に比べてむしろ遅れていると言わざるを得ません。それは 1990 年代に起こった、オウム真理教事件などが背景にあると言われています。あの事件以来、宗教や瞑想は怪しい、危ないというイメージが無意識に刷り込まれてしまったのでしょう。

　現在の欧米では、脳科学や心理学の分野で瞑想の研究が進んでおり、宗教とは切り離された形で、その効果の実証が進んでいます。日本とは逆に、瞑想を学び、実践している人たちが増えています。最近になってようやく日本でも、マインドフルネス瞑想法を研修に取り入れる企業が増えてきました。一般には、ヨガ教室などの広がりとともに、瞑想が認知されつつあります。

②マインドフルネス瞑想を企業が取り入れる理由

　ビジネスの世界で瞑想が注目されている背景は何でしょうか。スティーブ・ジョブズ、ビル・ゲイツ、松下幸之助、稲盛和夫、井深大といったトップ経営者が、瞑想を習慣にしていたことは有名です。さらに、チームワークやリーダーシップに関心のあるビジネスパーソンが、続々とマインドフルネス瞑想を取り入れるようになってきました。特に 2000 年代になって、リーダーシップ開発や人材開発の研修プログラムに取り入れる企業が増えています。

　その理由の一つは、個人だけでなくチームでマインドフルネス瞑想を

実践することで、仕事のストレスが軽減され、メンタル面が調整されることが分かってきたからです。その結果、健康管理コストが軽減でき、何よりチームワークが活性化して創造性が高まり、イノベーションが起こりやすい環境が形成されるということが実証されました。

　もう一つの理由として、インターネットの情報があふれ返っている昨今、既成概念を打ち破り、新しい商品やサービスを生み出すことが難しい時代になったと言われています。そのような中で、雑念を取り払い、神経を研ぎ澄まし、斬新なアイデアを出すこと、ひらめきやすい心の状態を作ることが求められているからとも言われています。

　このような理由から、先の Google 以外にも、インテルが 2012 年から世界 10 万人を対象に、マインドフルネスに基づく独自の社内プログラム「Awake@intel」を導入しました。これは、瞑想による心と身体のリラックス、緊張やストレスの緩和、クリエィティブな脳を作ることを目的としています。

　また、アップルには瞑想ルームがあり、社内に瞑想やヨガ教室が設けられ、就業時間中に一日 30 分の瞑想時間が取れるようです。他にも、ジェネラル・ミルズ、IBM、マッキンゼー、P&G、GM、リーボック、スターバックス、ゼロックスなどの有名企業が、「マインドフルネス瞑想」を社内プログラムとして採用しています。また、ハーバード大学ビジネススクール、オックスフォード大学、クレアモント大学ドラッカーマネジメントスクール、コロンビア大学ビジネススクールなどの大学が、カリキュラムにも採用しています。

　このように、既に欧米では多くの企業や学校を始め、刑務所、行政機関、議会、スポーツチーム、裁判官、弁護士などが「マインドフル瞑想」を取り入れ、メインストリームになっているのが現状です。2014 年には、「Time」誌が「The Mindful Revolution」というタイトルで表紙を飾りました。マインドフルネス瞑想の効果を科学的に証明した書籍も年々増えてきています。

③脳科学からのマインドフルネス瞑想

　2005年にアメリカの心理学者サラ・レイザーによって、マインドフルネス瞑想を行うと脳に変化が起こることが明らかになりました。特に脳の中心部にある「島皮質」が厚くなり、その機能が上がることが報告されたのです。この「島皮質」というのは、すべての身体感覚をまとめ上げて、情動調節の中枢である扁桃体に信号を送っている部位にあたります。

　つまり瞑想をすると、自分や他人の思考や感情の動きをメタレベルで対象化して、理解する能力が上がることを証明したのです。これによりストレスが減り、衝動が抑制され、感情を調整するといった自己コントロール機能が向上することが明らかになったのです。また、サイエンス・ヘルプで知られる健康心理学者、ケリー・マクゴニガルは、瞑想をたった3時間行っただけで注意力と自制心が向上し、11時間瞑想を行うと脳が変化することをレポートしたのです。

　マサチューセッツ総合病院と、ドイツのユストゥス・リービッヒ大学ギーセンの研究者らは、16人の被験者に対してマインドフルネス瞑想を使ったストレス解消コースを8週間受けるように指示しました。するとトレーニングを受けた被験者らは、脳内の海馬と呼ばれる部位にあたる灰白質の容積が増大していることが分かったのです。この部位は、記憶や学習、感情や思いやり、内省などに関係しています。アルツハイマー患者は、この部位が縮小したり、この周辺に原因物質が蓄積したりすることが明らかになっており、瞑想で記憶障害や認知障害を防止できることも期待されています。さらに不安や恐怖などに対応する扁桃体においては、灰白質の容積が逆に減少していることが分かりました。この扁桃体の活性化が抑えられると、イライラや不安が抑えられ、感情に振り回されることがなくなり、適切な意思決定ができるようになります。

　最後に、脳には可塑性があり、何歳になっても脳は成長するという研究事例をご紹介します。ハンブルク大学のボイク博士は以下の実験を行いました。平均60歳の25人を対象に、ジャグリングの練習を3か月

行ったグループと、行わないグループの脳をモニタリングしました。結果は、練習したグループは動体視力を司る脳の部位の厚みが 4% 増加したのです。これは、60 代でも若者と同じように訓練次第で脳は成長し、変化するということを証明したのです。

　これまでの研究で分かったことは、脳は筋肉同様、鍛えることで強化されるということです。脳全体を使うための鍵となる島皮質も鍛えることができる、つまり幸せになるための努力はいつからでも始められるということなのです。

3 マインドフルネス瞑想で高まる能力

　瞑想により、脳内が変化し成長することは、前項でご紹介した通りです。ここでは、マインドフルネス瞑想を行うことで高まる能力について、具体的に見ていきたいと思います。

①集中力が上がり、仕事や勉強の効率が上がる

　マインドフルネス瞑想は、一つのことに「集中する」ことと、「集中が切れたことに気づく」ことを意識的に行います。この集中と気づきを繰り返しトレーニングすることで、集中力が鍛えられ、やがてそれが日常でも発揮されるようになります。私の場合、瞑想を始めるより前は、企画書や文章を書くなどの創造的な仕事が苦手で、ついつい後回しにし、納期ギリギリに何とか完成させるという仕事の仕方になっていました。

　今では、創造的な仕事は朝の 2 時間に集中して行い、大抵納期の前に余裕を持って出来上がっているというスタイルに変わりました。時折、短納期の仕事を依頼されることもありますが、それでも納期前に提出するので、クライアントからしばしば驚かれます。そのような時に、改めて瞑想の効果を実感します。

②ストレスが解消され、心が穏やかになる

　瞑想中は意図的に何もしない時間を持ち、考えていることや感じていることを対象化して、客観的に観察します。そうすることで心と身体が深く休息し、ストレスや緊張が緩和されます。その結果、心が穏やかになります。

　私は非常にストレスをためやすいタイプでした。人から言われた言葉が気になり、感情的になりやすい性格だったように思います。前述したように、今ではほとんど日常のストレスがありません。ネガティブな出来事がないわけではありませんが、極度のストレスを感じて、それを保持し続けたり、過剰に反応したりすることがなくなりました。つまり、色々な出来事が自分の中から消え去っていくまでの時間が短くなりました。平常心を維持し、自分らしくいられる時間が長くなったと思います。

③ EQ が高まり、心が安定する

　瞑想を習慣化すると、EQ（心の知能指数）が高まると言われています。分析するに、瞑想は自分の心や身体に起こっている現象を観察する行為なので、気づく力が高まります。気づく力が高まると、自分を客観的に観察することができるようになります。そうすることで感情をコントロールする力が高まり、自制心が鍛えられます。その結果、相手への態度も理性的になり、自分をうまく表現できるようになるのではないかと思っています。

④頭脳が明晰になり、洞察力が高まる

　瞑想を体験すると分かるのですが、終わったあとは空気清浄機のフィルターを交換したように、頭の中がスッキリします。それは意図的に「考えない時間」を作ることで、脳内が整理されるからです。雑念などで散らかった頭の中が静かになるので、やるべきことが鮮明になったり、記憶力が向上したりします。そうすると、先入観や思い込みではなく、ありのままの姿で物事を捉えられるようになるので、明晰さと洞察力が

高まるのです。

⑤直観力、創造力が高まる

　思考が鎮まり感受性が高まることで、直観力、創造力が高まります。創造的な飛躍したアイデアは、論理的思考とは別次元から湧いてきます。特に瞑想中は覚醒しているので、ひらめきも敏感にキャッチしやすくなります。その結果、既成概念を打ち破るような斬新なアイデアや、全く新しい企画が生まれたりします。

⑥思いやりが深くなり、人間関係が良好になる

　瞑想を習慣にし、自分の内側で起こっている感情や感覚をありのままに受け入れる器が育ってくると、それに比例して、自分に対しても他人に対しても、思いやりの心が育まれていきます。そして、より豊かな人間関係を築けるようになります。

⑦内外ともに若々しく、美しくなる

　瞑想の姿勢は、骨盤を立てて背筋をスッキリと伸ばし、胸を高い位置に保持することが基本姿勢になります。この姿勢がクセづくと、体幹が締まり、背筋がまっすぐに伸びた状態が維持されます。すると立ち姿や座り姿がキレイになります。普段の姿勢が変わり、呼吸が変わることで肺や内臓の働きが活発になり、血流が改善されて基礎代謝も上がります。それによって体内のデトックス機能も高まり、便秘も緩和され、脂肪も燃焼しやすくなります。

⑧眠りの質が上がる

　呼吸を整えることで交感神経と副交感神経のバランスが整い、身体の緊張やストレスが解消されていきます。これを繰り返していくと、次第に深い睡眠になっていきます。特に夜寝る前に瞑想すると、睡眠の質が高まります。日常で起こった様々な出来事を一度リセットすることで、

翌朝スッキリと目覚めることができるのです。

⑨幸福感が高まる

　定期的に瞑想を続けていくことで、内側の幸福感が高まります。瞑想が深まっていくと、身体は休息しながらも意識は覚醒した状態になります。この時、代謝は低く、思考は鎮まり、身体の感覚や時間の感覚は薄れていきます。そして、周囲との一体感が生まれたような心地よい状態になり、心の平穏や静寂を感じ、静かな喜びに満たされます。そして、その状態が日常でも持続できるようになり、日々の幸福感が高まるのです。

⑩自信が育まれる

　マインドフルネス瞑想では、注意がそれたら呼吸に意識を引き戻します。これにより、「注意力」と「注意がそれたことに気づく力」が養われていきます。すると日常生活でも、目標から遠ざかりそうになっている自分に気づき、本来の目標へ引き戻す力が高まります。

　また瞑想は、心地よい感覚も不快な感覚も、よい悪いと分けることなく、ありのままを感じていく心のあり方を育んでいきます。そうすることで自分との関係性が親密になるので、セルフイメージが変わります。次第に自己受容力が高まるので自分への信頼感が高まり、自信が育まれていきます。

⑪リーダーシップが高まる

　瞑想が深まるとつながりや一体感が高まり、周囲の人に対しても貢献したいという思いが自然に湧いてきます。そうなることで人間的魅力が増し、影響力が上がり、リーダーシップが発揮されるようになります。

⑫自分らしい人生を送れる

　人は自分のことは中々見えにくいものです。マインドフルネス瞑想は、自分の思考や感情も客観視するトレーニングをしていきます。これによ

り、自分が持つ否定的な思考のクセにも気づくことができるようになります。無意識の想いや感情に振り回されることが減り、より自分の価値観に合った選択ができるようになるので、自分らしい人生を送れるようになるのです。

4 マインドフルネス瞑想の基本

①マインドフルネス瞑想とは

マインドフルネスとは、「今この瞬間に注意を向けて、自分が感じている感覚や感情、思考を冷静に観察している心の状態のこと」です。つまり、「今ここ」に 100% の心を向けるあり方のことをマインドフルネスと定義しています。

マインドフルネスをご理解頂くために、マインドフルネスではない状態を考えてみましょう。例えば、注意が散漫な状態や、ぼんやりとして集中力を欠いている状態、無意識の状態などが当てはまります。これを「マインドレスネス」な状態と言います。心配しても仕方がないことを

図表 7　マインドフルネスとは

マインドフルネス	マインドレスネス
今ここ	過去・未来をさまよう
静寂	心身が忙しい
安定	落ち着かない
受容・満足	批判的・落ち着かない
鎮静	混乱
自覚・意識的	無意識的
選択的	反応的
感じる・ハート	考える・マインド
感性	知性・理性
非言語・非概念・直接認知	対立・差別・差異・分別
ただ存在している	何かに向かっている
Being	Doing

くよくよと悩んだり、既に過ぎ去った過去のことをいつまでも考えたりしているような場合です。人は一日に6万回思考し、その9割は繰り返し同じことを考えていると言われています。

　このような無意識に脳がアイドリングをしている状態を、「デフォルトモードネットワーク」と言います。このモード、つまりマインドレスネスの状態では、脳の総エネルギーの60〜80％も消費していると言われています。マインドフルネス瞑想を行うことは、脳疲労の回復にもつながるのです。

②マインドフルネス瞑想の種類

　ここで一般的な瞑想とマインドフルネス瞑想の違いを見ていきましょう。一般的な瞑想は、主として無になることや、対象と一つになることを目指すものが多いようです。ちなみに、心が対象の中に没入して自我が消えた状態をサマディ（三昧）と言います。宗教的瞑想は、悟ることや解脱することが最終の目的になります。解脱とは、悩みや迷いなど煩悩の束縛から解き放たれて、自由の境地に到達すること意味します。

　一方マインドフルネス瞑想は、集中することや観察することで気づきを得ること、思いやりと共感を育むことを目的としています。悟りを拓くことや解脱することなどは、一切関係ありません。

　ここでマインドフルネス瞑想の3本柱、集中瞑想、観察瞑想、慈悲の瞑想について、簡単に触れておきます。それぞれの違いを見ていきましょう。

　第一に集中瞑想ですが、サマタ瞑想とも言われる、最も基本的な瞑想法です。やり方は、特定の対象に意図的に注意を向ける方法で、心の安定や注意制御力の向上を目的に行います。この瞑想は、脳疲労の緩和や集中力の向上に効果があると言われています。主な手法としては、呼吸法、音やキャンドルに意識を向けて集中する方法などがあります。

　次に観察瞑想ですが、今この瞬間に起きていることを、ありのままに気づくための瞑想法になります。目的は気づきの力、アウェアネスを高

めることです。EQや自己洞察力を高めることに効果があります。代表的な手法としては、ボディスキャン※1、ラベリング※2などがあります。

　最後に慈悲の瞑想です。これは、コンパッション（自他への思いやり）を高めるために行う瞑想になります。文字通り、共感力やEQを高める効果があります。やり方は、瞑想をしながら以下のような慈悲の言葉を唱えます。

私が幸せでありますように
私の悩みや苦しみがなくなりますように
私の夢や願いがかないますように
私が幸せでありますように

私の大切な人たちが幸せでありますように
私の大切な人たちの悩みや苦しみがなくなりますように
私の大切な人たちの夢や願いがかないますように
私の大切な人たちが幸せでありますように

世界中の人たちが幸せでありますように
世界中の人たちの悩みや苦しみがなくなりますように
世界中の人たちの夢や願いがかないますように

※1　ボディスキャン瞑想
　自分の体を細かく感じていく方法です。自分の体のパーツ一つひとつをじっと見つめることで、体からのメッセージを感じ取る方法です。例えば、おでこ、両目、鼻、口、両耳、ほほ、口、喉に意識のスポットライトを当てながら、その一つひとつの感覚を味わっていくイメージで行います。

※2　ラベリング瞑想
　今経験している出来事に気づき、その気づいたことを言語化し、自覚することを「ラベリング」と言います。ノートにラベルを貼っていくようなイメージで、感覚があったら、その直後にラベリングをし、「今ここ」の出来事を言葉で確認していきます。

世界中の人たちが幸せでありますように

③基本のマインドフルネス瞑想のやり方

　ここで、基本のマインドフルネス瞑想のやり方を解説します。もしよかったら、実践してみてください。瞑想は難しいイメージがありますが、やることはとてもシンプルで、誰にでも実践できます。基本となる呼吸瞑想のやり方は、「姿勢を正して、ただ自分のしている呼吸に意識を向ける」だけです。意識が呼吸から外れたことに気づいたら、注意を呼吸に引き戻していく。ただこの作業を繰り返すだけです。

　姿勢は、胡坐をかいても椅子に座ってもよいのですが、まずは楽な姿勢で座ります。余計な緊張をゆるめて、最小限の力で背筋を伸ばしていくこと。背骨が気持ちよく伸びて、首や肩に力が入っていないことがポイントになります。

　背骨を伸ばすときのイメージは以下の通りです。

・頭頂からヒモが出ていて、それを誰かに引っ張り上げられるように背骨が引き延ばされる感覚

・頭の上に大きな荷物を載せていて、それを押し返すように腰を据え、背骨を伸ばすような感覚

・身長計を押し上げる時のように、頭頂まで最大限に引き延ばすような感覚

　座っていても立っていても、背骨と背骨の間にある椎間板にもわずかに隙間ができるかのように、真っすぐに伸ばします。

　このような姿勢が整ったら、早速行っていきましょう。3分間、自分の呼吸にすべての注意を向けて、観察してみましょう。

改めて、自分の呼吸を確認してみてください。

今この瞬間、あなたはどんな呼吸をしていますか。

繰り返されている呼吸を、ただ観察します。

まるで呼吸という波に乗ってサーフィンをしているかのように、一つ一つの息の流れに注意を向けます。

その入ってくる息、出ていく息の波に乗っていきましょう

呼吸はコントロールせずに、ただ感じるだけで結構です

呼吸の波に乗って、瞬間ごとに注意を向けましょう

それでは、ここから 3 分間、スタートです

チーン（鐘の音）…………………………………………………………

　いかがでしたでしょうか。3 分間、何を感じましたか？
　「気づいたら呼吸のことを忘れて、ずっと他のことを考えていた」というようなことは、誰にでも起こります。それは、まるで思考や感情という波に飲まれ、意識というサーフボードから落ちてしまい、海の中で溺れているような状態です。思考に溺れていることに気づいたら、またサーフボードに乗り直し、呼吸の波と一つになりましょう。この繰り返しにより心が鍛えられ、徐々に思考が鎮まっていきます。
　サーフィンを毎日やると、何も考えなくても波に乗れるようになり、波に乗っている時間が少しずつ増えていきます。これと同じように、瞑想も実践を重ねていく中で、呼吸と身体と心が一つになる感覚が高まっていくのです。
　このように、瞑想はとてもシンプルです。呼吸に集中し、意識がそれたらそれたことに気づいて、そっと呼吸に意識を戻していく。これを繰り返し行っていきます。このベーシックな瞑想法に、観察瞑想や慈悲の

瞑想を加えていくこと。この修練を積むことで、「今ここ」＋「ジャッジしない」＝「気づいている状態」を維持していけるようになるのです。

⑤ マインドフルネス瞑想を日常に活かす

　これまで述べてきたように、マインドフルネスとは、頭の中に繰り返し浮かんでくる雑念を払い、呼吸に意識を向けることで心を鎮めていくことです。そして、感情、思考、身体の状態に気づき、それを手放していくこと。さらに、思いやりや優しさを他人に向けるように、自分にもその慈しみの気持ちを持って寄り添うことです。

　このマインドフルネス瞑想を実践し続けることで自分との統合を実現することが、目指すべきゴールの一つだと、私は思っています。自己統合とは、言葉を変えれば、本当の自分とつながることです。本当の自分とは「意識」のことです。日常の仕事や生活の忙しさの中で、自分を見失うこともしばしば起こります。そんな時にしばし時間を取り、本当の自分＝センター（中央）に戻る時間を取ることは、とても大切なことだと思います。

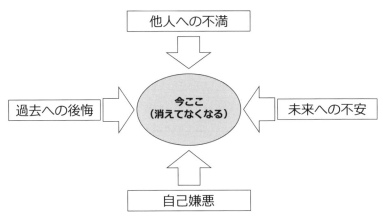

図表8　マインドフルネスの状態

　ここでは改めて、マインドフルネスを日常生活に取り入れて、実践していくための5つのポイントをお伝えします。

①今ここにある

　瞑想を実践してみると、「今ここ」にいるよりも、「過去」「未来」に意識が飛んでいる時間のほうが長いことに気づきます。例えば、目を閉じてじっとしていると、色々なこと、特にネガティブな思いが浮かんでくるのが嫌だという人もいます。多くの場合、目を閉じたからこのような考えが浮かんでくるのではなく、目を閉じたから常に頭の中を覆っていた雑念に気づいたと解釈するほうが正しいと思います。

　瞑想は、そんな注意が散漫になった状態から、意識を「今ここ」に向けて集中した状態にしていきます。瞬間、瞬間、自分の内側と外側で起こっていることに気づき、ありのままを観察し続けます。そして、心が未来や過去、外の世界に向かったら、それに気づいた時点で、「今ここ」の現実に引き戻します。

②何もしない

　マインドフルネス瞑想で唯一することがあるとすれば、それは「何もしない」ことです。この瞑想では、リラックスしようとしたり、呼吸を深めようとしたりすることをやめ、考えることもやめて、頭と身体のスイッチを OFF にします。思い通りにコントロールしようとする「doing」モードから、努力せずにただ存在する状態「being」モードに切り替えることが重要なのです。

　何かを得ようとする気持ちや、すべての方向性を手放します。何かを得ようとするとき、どこかに向かおうとするとき、「今」がそれを得るための手段になってしまいます。例えば、慈悲の瞑想でも、「幸せになりますように」ではなく、「幸せでありますように」と祈ります。ちょっとした言葉の違いなのですが、「に」だと、今が幸せでないような表現になりますので、「で」とすることで、今も幸せでこのままの状態が続

125

くことを祈るのです。

　マインドフルネス瞑想を実践していく時には、これまでの努力や目的
意識、また結果に対する期待も手放して、「being」モードに切り替えて
いくのです。「今ここ」に静かに存在していることが人生の目的である
ように、「何もしない」ことに専念します。

③ジャッジしない

　この瞑想では、感じたもの、気づいたことに対し、よい、悪い、と評
価や判断をしないようにします。思考や言葉というフィルターを通さず
に、対象をダイレクトに感じることを目指します。頭（マインド）では
なく、身体（ハート）で、感覚を感覚として直接受信していくトレーニ
ングなのです。

　私たちの頭の中は、目に見えるもの、ほとんどすべてのものに対して
ジャッジし、レッテルを貼って、細かく分類して理解しようとします。
まるで頭の中に裁判官がいるかのように、何かを見た瞬間、聞いた瞬間、
誰かに会った瞬間、無意識のうちに快、不快、よい、悪い、きれい、汚
いなどと判断するクセがついています。

　つまり大切なことは、ジャッジしていることに気づくことです。その
ような評価や判断が心に浮かんだことに気づいたら、その時点で手放す
ようにします。さらに大切なことは、ジャッジする自分をジャッジしな
いことです。「あっ、またジャッジしてしまった。自分はダメだ」と判
断しないことです。そんな自分も優しく受け入れていきます。瞑想中は、
このような裁判を一時的にお休みさせて、内側に対しても外側に対して
も判断をしないようにしていきます。

④受け入れる

　マインドフルネス瞑想では呼吸に集中しますが、呼吸のパターンやリ
ズムは変えません。また、特定の状態を目指しません。それはマイン
ドフルネス瞑想が、「今この瞬間に自分の中で起きていることに気づき、

それに評価や判断をくだすことなく、ありのままを受け入れるあり方」
を育むトレーニングだからです。

　瞑想が深まると感受性が高まるので、普段は気づかない色々な思考や
感情に気づくようになります。過去に抑圧した思いや、感情がふっと湧
いてくることもあります。その場合も自分が感じていることを否定せず
に、受容的、共感的にその感覚と向き合うようにします。一時的に嫌な
感覚や不快な感情になったりするかもしれませんが、やがてそれも空を
流れる雲のように過ぎ去っていきます。

　どうしても受け入れられないことがあるかもしれません。その場合で
も、その受け入れられないことに気づき、その「受け入れられない自分」
を受け入れるようにします。このようなあり方によって、自分自身に対
する思いやりと受容の心が育まれていきます。

⑤毎日やる

　マインドフルネス瞑想は、頭で理解しただけでは意味がありません。
実践して身につけるもの、体得していくものです。毎日やることが重要
です。最初は短くても構いません。通勤時間やお昼休み、待ち合わせの
空き時間など、ゲーム感覚で日常に取り入れていきましょう。1 分だけ、
5 呼吸だけ意識を向けて「瞑想した」ことにしても構いません。大切な
のは、日々「今ここ」の意識にあろうとすることなのです。

第5章　まとめ

■組織の心理的安全性を高めることは、ウェルビーイング（Well-being）を高めることで、突き詰めるとそれは、自分の心理的安全性を高めることにつながる。最終的には自己統合を目指すことである。

■心の機能は反応である。脳から伝達物質が分泌されて感情は作られる。

■心や思考、感情が自分自身なのではなく、「意識」こそが本当の自分だと捉えるべき。

■マインドフルネス瞑想法は、仏陀が説いた「人生の苦悩から解放されるための心のトレーニング法」をベースに、宗教色を外して誰にでもできるように体系化したもの。

■2000年代になって、リーダーシップ開発や人材開発の研修プログラムに取り入れる企業が増えてきた。その理由は、個人だけでなくチームでマインドフルネス瞑想を実践することで、仕事のストレスが軽減され、メンタル面が調整されることが分かってきたから。

■マインドフルネス瞑想を行うと、脳に変化が起こることが明らかになった。特に脳の中心部にある「島皮質」が厚くなり、その機能が上がることが報告された。その他、瞑想による研究が進み、瞑想による以下のような効果が実証されている。

■マインドフルネス瞑想で高まる能力
　①　集中力が上がり、仕事や勉強の効率が上がる
　②　ストレスが解消され、心が穏やかになる
　③　EQが高まり、心が安定する
　④　頭脳が明晰になり、洞察力が高まる
　⑤　直観力、創造力が高まる
　⑥　思いやりが深くなり、人間関係が良好になる
　⑦　内外ともに若々しく、美しくなる
　⑧　眠りの質が上がる
　⑨　幸福感が高まる

⑩　自信が育まれる

⑪　リーダーシップが高まる

⑫　自分らしい人生を送れる

■マインドフルネス瞑想とは「今この瞬間に注意を向けて、自分が感じ
ている感覚や感情、思考を冷静に観察している心の状態」のこと。

■注意が散漫な状態や、ぼんやりとしていて集中力を欠いている状態、
無意識の状態などを「マインドレスネス」な状態と言う。

■マインドフルネス瞑想は、集中瞑想、観察瞑想、慈悲の瞑想が３本
柱である。

■マインドフルネス瞑想を日常に取り入れるための５つのポイント

①　今ここに意識を集中する

②　何もしない

③　ジャッジしない

④　受け入れる

⑤　毎日やる

第6章

心理的安全性を高めた
組織変革事例

（事例） 固定観念の打破で、市場シェア向上

①組織変革プロジェクト

　食肉加工会社の事例です。全国に食品の販売・卸を行い、業績はこれまで右肩上がりで推移してきました。ただ、九州エリアのシェアが全国平均と比較しても大幅に低く、攻略できずに、長い間業績不振が続いていました。歴史のある会社であり、上意下達が強い会社です。一方、各支店長への権限委譲も強く、独立採算制を取っており、統率力がある企業として有名でした。

　とはいえ、昨今の時代の要請もあり、従来の縦型で硬直化した組織では、この先も勝ち続けていくことは難しい。経営トップの判断で、より現場の意見を反映するような組織に変革しようという試みが始まりました。

　そこで、歴史的にマーケットシェアが低く、地産地消の意識が強いエリアに白羽の矢が立ったというわけです。

　上記の背景から、組織変革の支援をしてほしいとの依頼を受け、まずはこのエリアの営業メンバーにヒアリングを行いました。その時のヒアリングの内容を整理すると、以下のようになります。

・歴史的に地場の競合が強く、入り込むのがなかなか難しい
・量販店も地産地消に対する意識が高く、全国展開している自社商品は苦戦
・エリアが広く配送効率が悪いので、物流費が高い
・若手が辞めて、新規開拓に割ける人員がいない
・時短要請が強まる一方、業務が減らずに時間が足りない

　この課題を解決するための組織変革プロジェクトが始まりました。そして検討の末、エリアの中でも伸びしろがある3支店を重点的に支援することが決まりました。プロジェクトの第1回ミーティングは、支

店長と No.2 を集めて行いました。縦割り意識の強い会社によくある傾向で、距離的に近い支店を集めたにもかかわらず、これまでほとんど支店間の交流がなく、お互いに社内競合のような雰囲気を醸し出していました。

　さらに参加メンバーには、「この忙しい時に集められて、一体何をやらされるんですか？」と言わんばかりの空気が漂っていました。

　冒頭に、プロジェクトリーダーである管理本部長が、今後の会社の方向性とメンバーの選定理由を伝え、次に私から以下のような話をしました。

(プロジェクトテーマ)
・今回のプロジェクトは、ヒアリング結果の課題を解決するためのもの
(強みのフィードバック)
・目標に向かって、決めたことをやり切る力は強い
・組織としての使命感も強く、一体感もある
・組織としての自律意識が高い
(課題のフィードバック)
・半面、状況が変化した場合の対応力や、業界全体を俯瞰する力が弱い
・固定観念が強く、発想力が弱い
・上意下達が強く、自由闊達に意見を言えるような心理的安全性は低い

　この場面では、客観的な視点からの強みと課題を明確に伝えることが重要です。私はこの１回目のミーティングで、プロジェクトの成否が決まると思っています。この掴みで参加者に「非日常的な何かが始まる」ということを期待させられるかどうかだと思います。ここで参加者の心に響く動機づけができるかどうかで決まる、そのような心構えで臨むようにしています。

　またこのような場面では、決して上から押しつけるような話し方はしません。あくまでも、一連のヒアリングの結果、みなさんが話された言葉をそのまま整理してお伝えしています、というスタンスです。そして、

「異論、反論は、忌憚なく何でも言ってください。本音で議論しましょう」というニュアンスで伝えます。そして、「みなさん、いかがでしょうか」と問いかけながら、相手との心理的距離を意識し、押しつけずに相手に考えるスペースを残すように進めます。

　上記を伝えたあと、私はこう質問しました。

　「みなさんの現状は理解できました。ここで質問をしたいのですが、今のやり方の延長線上に、成長と発展の未来がイメージできますか？」

　しばらく沈黙が続いたあとに回答を求めました。結果は、ほぼ全員が「この延長線上に未来はない」との回答でした。

　その後、思考を柔軟にしてもらうための各種の情報提供やワークショップに３か月を要しました。仕事を一生懸命にやればやるほど、接触する人や情報が限られ、思考が偏っていきます。私はこの現象を「サラリーマンのジレンマ」と呼んでいます。頑張れば頑張るほど社内のポジションは上がっていきますが、それに比例するかのように、視野と世界が狭まってしまう。このジレンマを打破し、柔軟な思考を取り戻すためには、強制的に社外の人間と接する機会を作り、集中的に世間や自社の業界以外で起こっている情報に触れることが必要です。そして、時代がどこに向かっているのかという大局的な思考を鍛えることが重要です。

　３か月後、プロジェクト参加メンバーの数は倍になり、取り組むテーマを３つに分けて、目的、ゴール、計画を決めました。その後、テーマを進めるにあたり、必要な知識をインプットして、実現可能性を高めていきました。

　半年後、一つのグループが一筋の可能性を拓きました。そのテーマは、メイン商材のマーケットシェアの拡大。もともとは地場の競合が強く、地産地消を盾に何十年も低いシェアで甘んじていたテーマになります。つまり、このエリアでシェアを上げるのは不可能だという固定観念が全員の頭の中を占めていたのです。

　このプロジェクトを通して思考の柔軟さを手に入れたメンバーは、改めて競合やマーケットを調査し、可能性を探り続けました。何かチャン

スはないか、どこかにヒントはないかと、思考を向け続けたのです。その結果、いくつかの課題が見つかりました。

　食肉業界は、病気との闘いの歴史です。「狂牛病」、「口蹄疫」、「鳥インフルエンザ」など、歴史を振り返ればこのような病気との闘いの歴史には枚挙に暇がありません。量販店が地場の商材を固定化し、その構成比を上げれば上げるほど、病気発生時の消費者に対する供給リスクを抱え込むことになるのです。また、アンケート調査により分かったことは、流通側は地産地消にこだわっているものの、消費者はそれほどでもないという結果でした。さらに売場のマンネリ化が、消費者離れにつながる要因の一つだということも分かりました。

　それらの分析をもとに、商談資料と商談シナリオをまとめ上げ、いくつかの大手量販店と外食チェーンに提案を行ったのです。その結果、このエリア最大手のリージョナルチェーンに、大型商材の導入が決まりました。その経緯は以下の通りです。

・バイヤーに、自社工場へ見学に来て頂く機会を得た
・その日に商談資料をもとに提案を行った
・バイヤーは乗り気ではなかった
・帰社後、バイヤーは上長に工場見学の報告を行った
・上長はまさに、病気による供給リスクと売場のマンネリ化に危機感を持っていた
・その後、バイヤーから「前回提案の商材のサンプルを持ってきてほしい」との連絡が入った
・再度商談の機会を得て、支店長と営業とで商談を行った
・結果として、5 店舗のテスト販売後、全店舗への導入が決定した
・結果として、エリアのシェアを大きく伸ばすことができた
・プロジェクト実施後 3 年を経て、いまだにシェアの拡大は続いている

　これがこのプロジェクトの成果です。社内では伝説のプロジェクトと

135

して、いまだに語り継がれているようです。

②プロジェクトの成功要因
　この変革のポイントを改めて整理してみましょう。
(変革前)
・目標達成意欲は高いが、思考の柔軟性に欠ける
・上意下達で統制は取れているが、自由闊達に意見を言えない
・突進力はあるが、心理的安全性は低い
(プロジェクトのポイント)
・上記の自社課題を認識した
・柔軟な思考力を鍛えるために、大量の外部情報を短期間にインプット
　した
・思考を止めないように、質問を中心に議論を促した
・よし悪しの判断をすることで議論を止めないよう徹底した
・この場、この時間、役職は関係なく平等な立場で議論を行うことを
　ルール化した
・本音で語ることを尊び、忖度を排除した
・プロジェクトの目的を明確にし、手段が目的にならないよう導いた

　上記の要因が相まって、結果としてメンバーの意識が一体へと向かい、
セレンディピティ（偶発的幸運）が起こったのです。バイヤーを超えて
上長に響き、思いが実現したのです。心理的に安全な場を作り、チーム
の意識の波動が調和し高まることで、セレンディピティは起こります。
Google のプロジェクト・アリストテレスが定義した、パフォーマンス
の高いチームの土台とは心理的安全性に他なりません。それが、このプ
ロジェクトでも再現されたと言えるでしょう。

2 (事例) 現場への権限委譲が命運を分けた

①組織変革プロジェクト

　中古バイク買取会社の事例です。この業界は競合が激しく、価格競争
も加速して、なかなか利益が出づらい状況が続いていました。若い人た
ちのバイク離れもあり、ユーザー数も年々減少しています。これにより
市場からも買い取れるバイクの数が減ってきており、先行きが厳しい業
界となっていました。

　この状況に危機感を持った経営陣は、これまでの買取中心のビジネス
モデルから小売業態への転換を試み、その先駆けとしてフラッグシップ
店を立ち上げました。しかし、このフラッグシップ店が思うように進ま
ず、赤字が続いていました。その結果、会社として小売業態への舵が切
れずに、徐々に業績も下がり始めていました。

　そこで、社運を懸けて小売業態への転換を成功させたいという強い想
いを受け、私がフラッグシップ店の建て直しプロジェクトを支援するこ
とになりました。

　早速現地に出向き、メンバーへのヒアリングを行いました。このフ
ラッグシップ店は、買取部門、整備部門、小売部門の3部門に分かれ
ており、合わせて30人ほどのメンバーで構成されていました。ヒアリ
ングの結果から、以下の問題が浮き彫りになりました。

a　3部門の連携が取れていない

b　3部門とも向いている方向性がバラバラである

c　フラッグシップ店舗をまとめるエリア統括マネジャーが、既存の買
　　取ビジネスに固執している

　この問題を踏まえて、解決策を検討することになりました。プロジェ
クトをスタートするにあたり、まずはaの連携が取れていない、bの方
向性がバラバラであるという問題への布石として、プロジェクトの冒頭

に経営陣から改めて会社のビジョンと方針を説明してもらいました。c はプロジェクト以前の問題で、経営陣の意向とエリア統括マネジャーの考え方がずれており、これがボトルネックになっていたことは明らかでした。

さらに、このエリア統括マネジャーのキャリアを確認したところ、買取部門で実績を上げてきたという背景があり、かつ小売ビジネスの経験がないということでした。ここに人材の配置ミスが起こっており、今回のミッションが進まなかった一因となっていたのです。もともとトップダウンの組織風土で、下の意見がなかなか上に上がってこないという問題があるのは、経営陣も感じていました。

この問題の本質は、現場はトップの意向は理解できても、直属の上司であるエリア統括マネジャーの指揮に従わざるを得なかったということです。現場の応分の場は、直属のリーダーによって作られていたのです。

このボトルネックを解消するために、エリア統括マネジャーには今回のプロジェクトから外れてもらい、経営トップの直轄プロジェクトとして、新たにスタートさせることになりました。

組織運営の要諦は、人軸と成果軸のバランスです。目的を実現する体制を組むことが、何より重要なポイントになります。これにより、c の問題はプロジェクトスタート前に解決することができました。

a、b をさらに深掘りしていくと、以下の問題が明らかになりました。それは、組織の方針が定まっていなかったので、買取ビジネスと小売ビジネスの構造的な違いに対応できていなかったということです。

例えば、買取ビジネスとは、できるだけ安価で中古バイクを買い取ること。それを整備部門が、修理の手間を最小限に抑えてオークションに出品する。結果、売れたら即金でキャッシュを得るという、非常にサイクルが早いビジネスモデルです。それに対して小売ビジネスとは、人気のある車種を仕入れること。それをピカピカにフルメンテナンスした上で店頭に並べる。その後、陳列してから売れるまでの平均サイクルは 45 日前後と、買取ビジネスと比べ非常に長いのです。つまり、会社と

してどちらに舵を切るかで、現場の動きが全く異なるのです。

　現場は会社の目標や指示が曖昧な場合は、これまでのやり方をそのまま踏襲します。つまり、「笛吹けど踊らず」という状態でした。当初の改革が進まなかった理由を紐解けば、このような構造に陥っていたというわけです。

　その後プロジェクトを以下のように進めていきました。

・3部門の現場責任者を集めて、買取から小売ビジネスへシフトすることを改めて確認した
・その後、現状の問題を網羅して、優先順位をつけた
・買取部門は、小売で人気のあるバイクを優先的に買い取る方向にシフトした
・整備は、オークションへの簡易整備ではなく、店頭販売にも耐え得るメンテナンスに切り替えた
・これまでは、店頭で購入契約をしてから整備を行っていたので、ユーザーへの商品渡しが1〜2週間後になり、競合に比べて販売の機会ロスが起こっていた
・小売部門は、店頭に並べる商品を即納できるよう整備部門が協力してくれたら、店頭に陳列した商品は100％売り切ることをコミットメントした

　このプロジェクトを半年間行った結果、このフラッグシップ店の小売販売台数は過去最高をたたき出し、業績は回復、赤字から脱却しました。当初の役割を果たすことができ、フラッグシップ店舗としての体制を確立することができました。さらに、小売の競合他社に比べ、直接市場からバイクを買い取れるという強みを活かし、現在でも右肩上がりの業績を更新中です。

②プロジェクトの成功要因

　ここで、このプロジェクトの成功要因を改めて整理してみます。

（変革前）

・経営トップが買取から小売業態へのシフトを指示し、フラッグシップ
　店を出店

・出店後数年が経過するが、うまく行かずに業績が低迷

・エリア統括者の考え方が買取志向で、現場の3部門（買取、整備、
　小売）の足並みが揃わずにいた

（プロジェクトのポイント）

・経営トップの直轄プロジェクトとして指示命令系統を統一した

・経営トップより改めてビジョンと方向性を説明した（動機づけ）

・ビジョンの実現にあたり、現場の責任者を集めて問題点を洗い出した

・買取部門と整備部門が、小売部門への支援部門として機能し始めた

・小売部門の責任者が、上記支援体制ができるなら、店頭在庫は期限内
　に100%売り切ることを宣言した

　上記がこのプロジェクトの成功までの経緯となります。そして、ここ
での一番の成功要因は、やはり現場の意見を吸い上げたことです。エリ
ア統括マネジャーへの忖度を排除し、ビジョンと目標を達成するための
方策を現場の責任者同士が本音で話し合い、問題を出し合ったことです。
話し合いの場では上下関係を排除し、フラットな場として心理的安全
性を担保しました。心理的に安全な場を作り、純粋なるビジョンを掲げ、
適切に現場に権限委譲すれば、組織は動きだすという事例です。

　さらに言うと、体制を変えたことにより、応分の場が変わったという
ことです。日本人は、周囲の動きを見ながら自分の立場を決めます。そ
の役割とビジョンがやり甲斐のあるもので、かつ貢献意欲を掻き立てる
のであれば、動機は高まり、その結果実現可能性が高まるのです。

　かの明治維新とは、総勢1000人程度の若者で成し遂げられた類まれ
な革命でした。それは幕末の志士たちにとって、意義のあるものだった
からに他なりません。さらには、そこでも尊王攘夷という大義に対して
のそれぞれの応分の場があったのです。志士たちの思いは、気高く、崇

高なものであったことでしょう。

　心理的安全性を高めることが目的ではありません。目的は顧客や社会に貢献することです。よりよい貢献を成し遂げるためには、会社は成長しなければなりません。会社の成長とは、人材の成長です。日本企業における人材の成長は、往々にして応分の場で決まるのです。応分の場の心理的安全性が高く、貢献基準が高い場であればあるほど、成果創出の可能性は高まり、同時に日本人の精神性も高まるものであると私は確信しています。

（事例）**3** 若手の本音が事業部の未来を変えた

①組織変革プロジェクト

　ある大手飼料会社の事例です。この会社はいくつかの事業部に分かれており、年初には事業部毎に前年の評価がなされ、順位がつけられます。その会社の副社長から、毎年赤字で万年最下位の事業部の立て直しの支援をしてほしいという依頼を受けました。このプロジェクトのゴールは、事業部の黒字化です。

　私は早速、その事業部の営業メンバーを集めて問題解決会議を行いました。当初は口数も少なく覇気のない状況でしたが、何回か会議を重ねるうちに次第に場の雰囲気が和らぎ、少しずつ本音が出てくるようになりました。そこでタイミングを見計らい、不満やグチ、悪口でも何でもよいという前提で、付箋紙を使用した「グチ活」会議に切り替えました。その付箋紙に書かれた文言を順番に整理していくと、ある重要な問題がいくつか浮かび上がってきたのです。

　特に重要な問題だと思われたのは、工場との連携が悪く、得意先への納期が遅れる、消費期限切れの商品が納品される、欠品が起こるなど、以下のような内容でした。

　なぜこのような問題が起こっているのかと質問したところ、ベテランの営業から以下の回答が返ってきました。

・この事業部の商品は会社内では主流ではないこと
・そのため、工場からすると、メインの商品が生産される合間にラインをいったん止め、洗浄してから製造するという手間がかかる工程であること
・工場の都合が優先されて、結果として営業の要望通りには生産されないこと
・上記の結果として、作りすぎや欠品、納期遅れが起こること

　さらに問題が深掘りされていく中、ある中堅社員から「つまり、会社にとってはさして必要のない部署なんですよ」という投げやりな言葉が放たれました。

　それを受けて一瞬冷めた空気が流れた後、ある若手社員から、「それならこの事業なんて、やめてしまえばいいじゃないですか」と、痛烈な一言が発射されました。

　その若手の一言で、空気が変わったのを私は感じました。そこで、かぶせるように、「この事業は会社として、やめてよいものなんでしょうか」と、その場の全員に向けて投げかけました。

　これまで誰もが目をつぶり、無意識に避けてきた事業からの撤退という現実。自分たちの進退を問う、若手からの究極の問いが、その場を制圧したのです。そして誰もが、この問いに向き合わざるを得ない状況になりました。

　しばしの沈黙のあと、あるベテラン営業から「いや、私たちは全社売上の8パーセントを占め、他社にない付加価値の高い商品を販売しているんだ。弊社を支持してくれているお客様のためにも、この事業をやめていいわけがないよ」という積年の思いが語られました。

　そこで私は、用意をしていた質問を投げかけました。

　「では、この問題を工場の方々と話し合ったことはあるのですか」

　それに対する回答は予想通り、これまで一度も行ったことがないという回答だったのです。

　その後、さらに問題を整理しました。そして、正式に営業と工場の責任者とで初めての会議を行うことになったのです。その初会議の場では、これまで見えていなかった新たな問題も明らかになりました。工場側から出された問題は、営業からの急な生産依頼や、製造ロットの誤発注なども頻繁に起こっているということでした。また発注ルールも守られておらず、普段からコミュニケーションもあまりないので、正直不満があるとの声も上がりました。営業側にもまた、改善すべき点は多々あったのです。

工場はできるだけタイムリーに無駄なく、効率的に製造したい。営業はできる限りお客様の要望を受け、欠品することなく商品を届けたい。この会議を通して改めて分かったのは、もともとお互いの目指すべき指標が違っていて、責任を押しつけ合っていたということでした。そこでお互いに腹を割り、相手の部署に対して言いたいことを出し切るという時間を取りました。

　ここで少し、会社という組織体の本質を解説したいと思います。一言で申し上げると、このような究極の状況に陥ったとしても、会社という組織は最後には正常な関係を維持します。例えばこれがプライベートな関係であれば、お互いに不満を言い合うことで、永遠の別れとなることもあるでしょう。

　しかし会社は公の場であり、それぞれの組織は有機的につながっています。どこかの機能に不具合が起きれば、どこかがカバーしなければならないのです。このような相互依存の関係になっているので、言いたいことがくすぶっているならば、すべて吐き出せばよいのです。乱暴な言い方に聞こえるかもしれませんが、それが真実です。なぜでしょうか。

　会社は成長し発展しなければなりません。顧客に貢献し、社会に貢献することが使命だからです。逆に会社がつぶれると、顧客にも社会にも迷惑をかけます。ゴーイングコンサーン（継続発展の前提）であり続けることが、責任としてあるからです。だからどんなに相手や他部署を悪く言ったとしても、それだけでは終われないのです。

　私はこのことを強く申し上げたい。不満やグチは悪いものではなく、むしろ会社をよい方向に持っていくための「宝の山」なのです。これまでグチは悪いもの、言ってはいけないものと教えられてきました。しかしグチの前提を変えれば、「グチにこそ力がある」ということをご理解頂きたい。その前提とは、本質的な問題を明らかにし、解決すべき方向性を導き出す大いなるチャンスにグチを転換するということです。

　そして会議を進行するリーダーが、この前提を理解し、腹を括ることです。そして最後にこう舵を切ればよいのです。「お互いの言いたいこ

とは出揃いましたね。それでは、この問題をどのように解決していきましょうか？」と。この瞬間、相手に言い放たれた不満は、ブーメランのように本人たちに返っていきます。いかがでしょうか。

　繰り返しになりますが、企業にはゴーイングコンサーンという使命があります。そのためには、成長、発展しなければなりません。組織や人は有機的につながっており、運命共同体です。ゆえに、成長、発展のためであれば、不満を洗いざらい吐き出す機会ほど、有効なものはないのです。

　話を戻します。この営業と工場の会議は、最終的に不満や文句を出し切りました。その後、お互いに改善できることを整理して、前向きな話し合いができるようになったのです。

　そしてお互いの視座を上げ、顧客満足度の向上を目指すこと、顧客の信頼を取り戻すことは、会社にとって大いに価値があることだという結論に行き着きました。そして工場と営業は新たな目標を掲げ、その実現に向けて進捗共有会議を定例化したのです。

　その会議がスタートして約10か月後、ついにその事業部は黒字に転じました。その功績が報われて、その年の事業部表彰で1位に輝きました。この話をすると、「そんな簡単なことで？」と思う読者もいるかもしれません。しかし、この事例は紛れもない事実です。さらにその翌年も前年の業績を大幅に更新し、2年連続で事業部表彰1位に輝いたのです。

　この成績を出せた要因は、蓋を開ければとてもシンプルでした。納期通りに、適切な商品を顧客に届けられるようになったおかげで、顧客の信頼が回復しました。その信頼をベースに、それまで行えなかった「値上げ」を断行できたのです。その値上げの理由を、営業が誠意を持って説明し、ほぼすべての主要顧客への値上げが成功したのです。

　この変革は若手社員の本音の一言から始まりました。本音には力があるのです。その本音を紐解けば、最初に吐き出したグチから始まっているのです。

かの思想家、吉本隆明はあるインタビューで「よい会社って何ですか」という質問に対して「会社の近くに喫茶店があって、上司のグチを聞いてくれる先輩がいること」と述べています。このシンプルな答えに、よい会社のヒントが隠されているのです。

②プロジェクトの成功要因
このプロジェクトの成功要因を以下に整理します。
（変革前）
・工場からの製品に不具合が多く、顧客からのクレームが多発していた
・ここ数年は赤字から抜け出せず、万年全社最下位の事業部になっていた
・工場との関係も悪く、改善の打つ手が見えずにいた
・結果として、事業部全体の士気が下がっていた
（プロジェクトのポイント）
・問題解決会議を実施し、「グチ活」会議の時間を取った
・本質的な問題に直面しても、そこから逃げずに議論した
・工場と営業で初めての会議を実施した
・顧客満足の向上、信頼回復という共通のゴールを合意した
・目標の進捗会議を定例化した
・適正な商品を適切なタイミングで顧客に納品できるようになった
・顧客の信頼が回復し、長年の懸案事項であった値上げに成功した
・事業部表彰1位を獲得し、翌年も表彰され事業部の士気が上がった

　会社は、組織が健全に機能すれば、生産性は向上し業績は上がります。その成否は、関係者間で健全なコミュニケーションが取れるかどうかにかかっています。心理的安全性を高めるには、時には不平不満をお互いに吐き出し、ぶつけ合うというプロセスも有効です。そのためには、会議を進行するリーダーが腹を括り、最後に、「この問題を解決するにはどうしたらよいか」という一言を放てばよいのです。社員は、会社を成

長、発展させるために集まっているからです。

　心理的安全性は、仲良しクラブを作ることではありません。社員の士
気を上げて顧客に正面から向き合う限り、停滞することはありません。
目的とゴールの設定次第で、未来は確実に変わるのです。この事例がそ
のことを証明しています。

4 （事例）考え方が変われば行動が変わり業績は向上する

①組織変革プロジェクト

　ある中堅食品メーカーの事例です。この会社は主に惣菜を量販店に卸
している会社で、近年の厳しい業績が続いた結果、経営者が代わりまし
た。新社長に課せられた役割は、業績の建て直しです。オーナーと経営
は別で、新社長は同業のとある会社で執行役員をされていた方です。前
職は体育会系のトップダウンが強い会社で有名でした。その会社は伝統
的に組織がそのように運営されてきた会社ですので、それが組織の一体
感を高めて目標への達成意欲と重なり、恒常的に高い業績を誇っていま
した。新社長は前職の経営スタイルをそのままに経営改善を試みようと
していました。

　一方この中堅食品メーカーは美味しいものをリーズナブルに提供する
ことをモットーにしてきた会社です。これまで地域密着型で長年地元に
愛され、地道に事業を営んできた会社でもあります。しかし昨今は人口
が減り、地元の量販店も大手スーパーの進出の影響で業績が下がり、そ
れに同調するかのように売上が下降していきました。そして数年前につ
いに赤字に転落し、経営者が交代になったというのが今回の背景です。

　新社長は改革の第一弾として工場の生産性を上げる取組みに着手しま
した。ヘッドハンティングによりベテランで敏腕な工場長を据えて、作
業効率の見直しとムダの排除を徹底することで、見事に工場の収益は改
善されました。一方これまで地元の企業との関係性に支えられていた営
業が伸び悩んでいました。依然として赤字からの脱却ができずに４期
目を迎えるころに、営業部門の建て直しの依頼がきました。

　私はこれまで同様にまずは営業へのヒアリングを行い、組織の課題を
特定することからスタートしました。営業に従事したことがない方は驚
かれるかもしれませんが、営業目標がない会社は意外に多いのです。営
業が目標を追っていないのなら、何の仕事をしているのかと思われるか

もしれません。その答えは目の前の仕事、特にお客さんからの要望に追われているというのが正解です。

　次章のインタビュー記事にある伊那食品工業のように、高い心理的安全性を維持している会社が、意図的に目標を掲げないという組織はあります。しかし何の目的も持たないまま目標がない営業は、顧客の指示に従うだけの御用聞き営業にならざるを得ません。このスタイルは市場が成長し、作れば売れるという需要に溢れていた高度成長期には重宝されました。しかしもはや市場が飽和状態で、逆に需要を喚起することが求められる現代では、積極的に提案し顧客に貢献する意志のある営業でなければ通用しないのです。

　つまりヒアリングで明らかになった重要課題は「営業が目標数字を持っていなかった」ことです。目標を追っていないとどうなるかというと、まず戦略が立てられません。例えば年間 1 億円を目指すのか、10 億円を目指すのかで戦略は変わります。目標によって戦略は変わるのです。さらには目標がないということは、その上位概念である目的が不明確だということが推測されます。なぜなら目標とは目的を実現するための指標だからです。目的が曖昧だと仕事の意味が見いだせずに、社員は給料のためだけに働くことになります。このような組織は仕事が作業になり、究極はやる気のない社員で溢れます。

　そういう社員を見ると経営者は、覇気がなく、言われたことしかやらない、行動力がないように映るのでしょう。そうなると社員の悪いところばかりが目に付き、社内に発する言動がどんどんきつくなります。しかし立ち返ればそもそも経営の目的が曖昧なことが原因なのです。会社とは発展することを前提にしてますので、経営目標が前年よりマイナスに設定されることはありません。つまり毎年前年を上回る目標を掲げるのが経営です。しかし経営目的が曖昧なら「なぜ、前年より高い目標をやらなければならないのか」という部下からの問いに上司は答えられないのです。羅針盤がないまま大海原を航海しているようなものです。

　それにも関わらず経営は外的刺激、この場合は叱責や強制的なトップ

ダウンで組織や人を動かそうとします。人の心は刺激に反応しますので、ひとたび刺激を受ければ動かざるを得ませんが、これが続くと次第にストレスが溜まり、社員は疲弊していきます。こうして自ら考えることをしない指示待ち型の組織が出来上がるわけです。なるべく怒られないよう、外的刺激を最小限に抑えるような仕事の仕方を学習していくのです。

　例えばコロナパンデミックの影響で、食品業界もエネルギーや原料の高騰により年に何度も商品の値上げをせざるを得ない状況が続いています。しかし日本は30年以上のデフレ経済が続き、値上げ交渉などしたこともない営業がほとんどです。そのような中で現場はバイヤーとの連日の商談に苦労しているのです。このような緊急事態の時に指示待ち型の営業だとどうなるかというと「会社に言われた通りに値上げ金額を提示してきましたが、金額が折り合わなかったので取引がなくなりました」となります。これまで取り扱ってくれた商品が他社に獲られて売上がダウンしても、自分は会社の指示に従っただけで自分の責任ではないということになるのです。

　今の時代はこのような会社からは人が離れていきます。この会社も近年離職者が絶えず、優秀な人材と若手から順に辞めていきました。会社に残るのは勤続年数が長い人で、家族を守らねばならないという意識が強い人だけになります。悲しいかなこの会社が好きな人ではないのです。このような人達に自分の子供を会社に入れたいですかと問うと、首を縦に振ることはありません。

　そして組織がひと度このような悪循環に陥ると、社員は自分を守ることで精一杯になり、他のメンバーへは無関心になります。するとますます人間関係が希薄になり、組織はその体をなさずに、その日暮らしで成り行き任せの働き方が常態化します。極端だと思われるかもしれません。しかし多くの会社はこのような状態で運営されているのが現実だと思います。

　このような会社は運営方法を変えないかぎり、もはや未来はありません。なぜなら今や日本中で人手が足りずに空前の売り手市場になってい

るからです。この状態は今後も数十年は続くでしょう。明らかに日本の
人材の流動化は加速しているのです。まさに「Change or die（変わる
か死ぬか）」の選択が問われているのです。私たちはこのことに気づか
ねばなりません。これからは会社のために個人（社員）があるのではな
く、会社と個人は対等な関係であることを前提に組織運営を行わなけれ
ばならないのです。

　これまで述べたことが第一回目のヒアリングからわかった事実であり、
それにもとづき洞察されたポイントです。そしてプロジェクトがスター
トした当初は、想定していた通りのことが展開されていました。覇気が
なく、指示待ち型で、疲れ切っているメンバーを目の前に、営業部門の
建て直しプロジェクトがスタートしたのです。

　しかし人間の行動にはパターンがあります。そのパターンが見えれば
打ち手はあります。私は初めの半年は営業戦略の再構築は後回しにして、
営業メンバーの考え方を変えることに集中しました。そのためには成功
する組織運営の方程式（※ 1）を示して、この通りに実行すれば必ず
業績は向上することを理解してもらうことに専念しました。

　まずは最初の 3 か月（7 月〜 9 月）で販売コンクールを行いました。
食品会社の営業の多くはルート営業中心で、惣菜部門は常に半年先の商
談を行っています。つまり直近の 3 か月で業績を向上させることは不
可能に近いのです。しかしあえてその不可能な目標を掲げてその達成に
向けて営業活動を推進してもらいました。

　3 か月後、もちろん数字は達成できませんでした。しかし変化は起
こったのです。ひとつはチームで数字を意識するようになりました。営
業部門は会社の業績を担う最先端の部門であり、会社の要の部署である
ことを言い続けた結果、その自覚が芽生え始めたのです。目標が達成で
きずに悔しいという気持ちがメンバーの顔色から見て取れたのです。

　私はその一方で経営陣には 3 回に 1 回は営業メンバーにポジティブ
な言葉をかけてもらうように依頼しました。これまで褒められることや、
認められることがない中で仕事をしてきたメンバーです。3 回に 1 回で

もポジティブな言葉をかけられるとやる気は上がるのです。

　このように経営と営業の関係性を徐々に改善しながら一体感を高めていきました。その後、最大需要期の12月の売上がどこまで伸びるかが、今期目標の達成に影響することを強調して伝え、10月～12月に向けての販売計画を各自に立案してもらいました。そして毎週の進捗状況をチームで共有し、成果の確認と改善点を話し合ってもらうためのPDCA（Plan（計画）Do（行動）Check（修正）Action（実行））を廻していったのです。

　このような取り組みの結果、何年も毎月の予算が未達だった営業部門が、自ら計画を実行し、そして見事に12月の目標をクリアしたのです。そして翌年の3月までの年度目標は、当初の大幅な遅れを取り戻して予算を達成することができました。ただ残念ながらエネルギーの変動幅が大きく、さらなる原料の値上げもあり黒字化には至りませんでした。

　しかし営業の役割とは目標を追うこととそれを達成することであり、一人ではなくチームで情報を共有して一体感を高めることが重要であることを理解してもらうことができました。現在は黒字化を目標にチームで営業活動を行っています。そして営業部門の目的も新たに設定し直しました。彼らが打ち出した組織の目的とは「自分の子供たちに入ってもらいたい会社を作る」です。意味のなかった仕事が価値ある仕事に転換されたのです。まだまだ課題はたくさんありますがこのプロジェクトを通して人として組織として一歩前進したのは間違えありません。

②プロジェクトの成功要因
このプロジェクトの成功要因を以下に整理致します。
(変革前)
・目標がなく、各人が目先の仕事に追われていた
・経営陣から常に叱られ、思考停止の指示待ち型になっていた
・値上げができないのも会社の責任と他責になっていた
・メンバーの関係が希薄で情報共有がなかった

・離職者も続出しやる気が下がっていた

(プロジェクトのポイント)

・営業とは目標数字を達成するのが役割であることを徹底して伝えた

・目標数字を達成する計画を各自で立案した

・7月〜9月の販売コンクールで、数字を達成することの意義を理解した

・10月〜12月の最大の需要期の販売計画を立ててチームでPDCAを廻した

・繁忙期の成功体験を積んだことで考え方が変わり、通期の目標を達成できた

・組織の目的を再設定し、仕事の意味を再定義した

　シンプルに整理すると上記がプロジェクトの成功要因になります。当然ですが始めからスムーズに行ったわけではありません。当初は何をやらされるのかと斜に構えている人や無関心な人がほとんどでした。また経営陣が私に求めていたのはてっとり早い目先の業績アップです。そのためには私が直接営業をして売上を上げてきてくださいというような勢いでした。私は一時的な数字を作っても意味がないことを繰り返しお伝えました。現状の課題とその背景にある要因を説明し、経営陣にも変化が問われていることを話しました。しかし経営者というものは現実の変化（業績の向上）を目のあたりにしないと納得しないものです。

　私は営業メンバーには会社は経営陣の為にあるのではなく、社員全員のためにあることを伝え続けました。経営陣が何をいうかではなく、会社の存続のために最適な判断するのが営業の仕事であることをいい続けました。そしてこれからの組織は上下関係で規定されるのではなく、目的を実現することを前提として自由闊達に意見を言い合える関係性が重要であり、心理的安全な組織を醸成することが大切であることを発信し続けました。

　特にそれぞれのリーダー方々に理解して欲しかったのは、経営陣が

トップダウンであろうと自部署に最も影響しているのはリーダー自身であること。自部署の組織風土はその部署のリーダーの態度で決定されるということ。最終的にはリーダーの影響力こそがプロジェクトの成功を左右することを認識して欲しかったのです。

　経営陣はもちろん心理的安全性を高めることに努力するべきですが、それは現場のリーダーも同様です。さらに社員ひとり一人は全体の一部であり、一部は全体に影響していると知るべきです。各人が心理的安全な態度で相手に臨めば相手も同様に返してくるのです。これが日本人の精神性、返報性の法則というものです。私たちはいまこそ、このことを深く認識すべきだと思います。

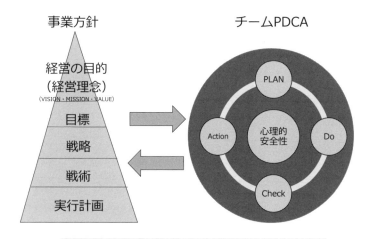

コラム　成功する組織運営の方程式

　本事例内で活用した「成功する組織の方程式」についてご紹介します。図表9をご参照の上お読みください。

図表9　成功する組織運営の方方程式

　事業運営の要諦はこの一枚の概念図で説明できます。まずは事業方針にあたる図表左側です。一番上位に位置する経営目的について解説します。昨今は経営理念よりも経営目的が重要視されるようになりました。経営理念は経営者の想いや考え方を言葉にしたものが多いと思いますが、どこか曖昧ではっきりしないような印象があります。特にこの混沌とした時代には曖昧な言葉よりも、明確な指針となる言葉を社員は求めているのです。

　そして経営目的とは「わが社の存在理由は何か、どこに向かおうとしているのか」という問いに対する回答です。この目的を実現する経営手法がパーパス経営というわけです。まずは経営目的を定めることが事業運営の起点になります。

　次に目標です。目標とは目的を実現するための指標です。特にここでは目的と目標の整合性を取ることが重要です。社会に貢献することを目的に掲げるならば、何をどれくらいやれば社会に貢献することになるのかを明示することです。この目的と目標の整合性を図ることで誠実さや真剣さが社員や顧客に伝わるのです。

　逆の例を申し上げると掲げている目的は掲げているのに実際に行われていることが合っていない場合、もはや社員の動機付けになりませんし、顧客の信頼を得られるわけもありません。ゆえに目的に対する目標は慎重に設定されることを強調しておきます。

　その次は戦略です。戦略とは目標を実現するための方針のことです。目標が変われば当然戦略も変わります。そして戦略とは今ある前提条件を優位なものに書き換えることです。戦略とは文字通り「戦いを略（りゃく）す」ことだと解釈する方がいらっしゃいますが、それは違います。その逆で元々の語源は区画を区切ってひとつひとつの区画を残らず殲滅させることを意味しています。

　残念ながらビジネスはいまだに競争戦略を軸としています。戦略とは戦争用語に他なりません。しかし競争戦略をベースにしている以上、今現在この言葉に置き換わるものはありません。誤解を恐れ

ずに述べるならば、綺麗ごとを言う前に相手を打ち負かし勝ち残るための知恵を絞ることです。そして顧客に選ばれることに知力を絞ることです。

さらに「戦略の失敗は戦術では補えず」という言葉があります。これは上位概念の過ちは下位の概念で補うことはできないという意味です。今ある前提条件を有利なものに書き換えるためには大胆さと慎重さの両方が求められます。現在の戦略を洞察して何を書き換えれば有利な展開に運べるのかを徹底的に考えることです。これを戦略思考といいます。

次に戦術についてです。戦術が戦略よりも下位の概念であるからといって軽んじてはなりません。ある意味戦略は「ああでもないこうでもない」と考えているときは楽しい部分もあります。戦術の定義をひと言で述べるなら戦略を固有名詞で語ることです。「今年は量販店ではなく、外食産業を攻めて2倍の利益を上げる」という戦略を立案したとします。この戦略を固有名詞で語ることが戦術を立てることになります。例えば「外食産業の中でも〇〇チェーンに対して、〇〇という商品を販売することで年間〇〇億円の売上を作る。」というのが戦術を立案することになります。つまり戦術とは戦略の具現化です。戦術はしっかりと目の前の現実に向き合わなければ立案できないという意味で、覚悟が問われることになるのです。どこまで現実感をもって具現化できるかが戦術の精度に影響するのです。

そして左側の一番下段の計画については上記の戦術を年間のスケジュールに落とし込むことになります。これまでの内容が図表左側の事業方針になります。事業方針を作って安堵するパターンが意外に多いのですが、事業方針はあくまで仮説段階ですから実行に移さなければ何の意味もありません。この方針を実行するための歯車が図表右側のチームPDCAになります。

チームPDCAとは文字通りチームでPDCAを廻すことです。ビ

ジネスは PDCA が大事だということは新入社員研修レベルで学ぶことですが、実際に習慣化できている人は少ないと思います。ましてや組織的に運用している会社など見たことがありません。

　そもそも一人で PDCA を廻そうとすることに無理があるのです。P（計画）をして D（実行）するところまではできるでしょう。しかし多くの人が C（修正）でつまずきます。なぜなら自分の行動を冷静に振り返り、修正ポイントを見つけることは自分の弱さやできなかったことを直視し、自分にフィードバックをする行為に他ならないからです。そのためにはもう一人の人格を作り、自分に対して客観的に評価を下す必要があります。それを一定のレベルで行うには、ある程度の精神の成熟度が求められるのです。

　例えそこまでの精度を求めないにしても、大抵の業務はマルチタスクになっているので、一つひとつの仕事をきっちりと PDCA を廻すことなど不可能に近いと思います。優先順位を付けて一時的には廻せたとしても、継続して習慣化することが難しいことは経験的にご理解頂けることだと思います。結論からすると自分だけで PDCA は廻せないのです。

　このことをきちんと認識するならば、逆にどうしたら廻せるようになるのかを考えればよいのです。私の考えはチーム力を使うことです。まずは P（計画）についてですが、チームでメンバーの役割を決め、目標が達成可能な実行計画を立案し、それを合意します。

　この場合の計画とは右側の年間計画を受けて、直近のひと月分の計画を立てることを意味しています。さらに計画は 5W1H に落とし込むことがポイントになります。計画は細部に落とし込むほど実行度は上がります。その上で D（実行）を行います。肝心の C（修正）ですが P の段階で次回のミーティング日程をあらかじめ決めておきます。事前に結果を振り返る日時を決めることで計画を実行しなければというプレッシャーがかかり、これも実行度が上がる要因になるです。ここでこの本の主題のひとつである「応分の場」の

力学を思い出してください。自分に任された役割は果たさなければならないという意識が働くという日本人特有の精神性です。

　さらにCでポイントとなるのが、やはり心理的安全性です。仮に何も実行しなかったメンバーがいたとします。ここでなぜやらなかったのかと詰問してはいけません。メンバーができなかった理由を出来るだけオープンに話せるかどうかでチームの心理的安全度が分かります。人はやると決めたことをやれないのが普通です。特に新しいことは、なかなか実行し難いものです。その前提を踏まえると「やると言ったことをやれなかった」のは普通なのです。

　年始に一年の計を立てて、その年の年末にすべて達成できている人はどれくらいいるでしょうか。多くの人は同じ目標を翌年も掲げているのではないでしょうか。つまり心理的安全なチームであればなぜ？とは問わずにできなかった理由を聞いて、チームで改善策を考えるのです。仮にその理由が「忘れていた」のならば、次回は意識を持続するためにはどうしたら良いかを考えるのです。「忙しかった」のが理由ならば、忙しい中で実行できる方法を真剣にみんなで議論することです。

　できなかったからダメという前提があると毎回のミーティングが窮屈になります。すると次第にひとりふたりと参加しない人が出てきてミーティング事態が自然消滅するという良くあるパターンを繰り返す結果になります。そうならないためにもCをメンバーがお互いの関係性を高めるように、そして成長が実感できる場にすることが重要なのです。つまりフラットな関係性を心掛けて、誰に対しても自由に意見を言えるような安心安全な場を作ることが重要になります。

　上記を踏まえた上で修正プランを立案し、A（実行）すること。このサイクルを廻しながら結果を適宜、図表左の仮説へとフィードバックを行います。事業方針も立案したら終了ではなくPDCAを廻しながら修正してくことで仮説の精度を上げていきます。

　以上が図表 9 の解説になりますが、もし自分の部署が上手くいっていないのであれば、この図表でチェックしてみてください。必ずどこか弱い部分や欠けているところがあると思います。この図表 9 にそって事業運営ができるようになれば成長する組織が作れることと思います。私は成長＝成功と捉えているので、この方程式を「成功する組織の方程式」と命名しております。

■食肉加工会社の事例

（プロジェクトテーマ）

・硬直化した組織の変革

（変革前）

・目標達成意欲は高いが、思考の柔軟性に欠ける

・上意下達で統制は取れているが、自由闊達に意見を言えない

・突進力はあるが、心理的安全性は低い

（プロジェクトのポイント）

・上記の自社課題を認識する

・思考力を鍛えるために、マーケティングフレームワークを短期間にインプットした

・思考を止めないように、質問を中心に議論を行うよう指導した

・よし悪しの判断をすることで議論を止めないよう徹底した

・この場、この時間、役職は関係なく平等な立場で議論を行うことをルール化した

・本音で語ることを尊び、忖度を排除した

・プロジェクトの目的を明確にし、手段が目的にならないよう導いた

（成果）

　最大手のリージョナルチェーンにメイン商材の導入が決定し、マーケットシェアが拡大した。

■バイク買取会社の事例

（プロジェクトテーマ）

・ビジネスモデルの転換

（変革前）

・経営トップが買取から小売業態へのシフトを指示し、フラッグシップ店を出店

・出店後数年が経過するが、うまく行かずに業績が低迷

・エリア統括者の考え方が買取志向で、現場の３部門（買取、整備、小売）の足並みが揃わずにいた

（プロジェクトのポイント）

・経営トップの直轄プロジェクトとして指示命令系統を統一した

・経営トップより改めてビジョンと方向性を説明した（動機づけ）

・ビジョンの実現にあたり、現場の責任者を集めて問題点を洗い出した

・買取部門と整備部門が、小売部門への支援部門として機能し始めた

・小売部門の責任者が、上記支援体制ができるなら店頭在庫は期限内に100% 売り切ることを宣言した

（成果）

　小売部門の販売台数が過去最高を記録し、フラッグシップ店の成功を機に、全国展開へと発展した。現在も売上は右肩上がりで伸び続けている。

■大手飼料会社の事例

（プロジェクトテーマ）

・部門間の壁の打破

（変革前）

・工場からの製品に不具合が多く、顧客からのクレームが多発していた

・ここ数年は赤字から抜け出せず、万年全社最下位の事業部になっていた

・工場との関係も悪く、改善の打つ手が見えずにいた

・結果として、事業部全体の士気が下がっていた

（プロジェクトのポイント）

・問題解決会議を実施し、「グチ活」会議の時間を取った

・本質的な問題に直面しても、そこから逃げずに議論した

・工場と営業で初めての会議を実施した

・顧客満足の向上、信頼回復という共通のゴールを合意した

・目標の進捗会議を定例化した

・適正な商品を適切なタイミングで顧客に納品できるようになった

・顧客の信頼が回復し、長年の懸案事項であった値上げに成功した

・事業部表彰１位を獲得し、その翌年も表彰され事業部の士気が上がった

（成果）

　工場と営業が目標を共有し、顧客からの信頼を回復した。その結果、長年の懸案事項であった値上げに成功し、プロジェクト開始から１年以内に黒字に転じた。

■中堅商品会社の事例

（プロジェクトテーマ）

組織変革は意識改革

（変革前）

・目標がなく、各自が目先の仕事に終始していた

・経営陣から常に叱られ、思考停止の指示待ち型になっていた

・値上げができないのも会社の責任と他責なっていた

・メンバーの関係が希薄で情報共有がなかった

・離職者も続出しやる気が下がっていた

（プロジェクトのポイント）

・営業とは目標数字を達成するのが使命であることを徹底して伝えた

・目標数字を達成する計画を各自で立案した

・７月～９月の販売コンクールで、数字を達成することの意義を体験した

・10月～12月の最大の需要期の計画を立ててチームで進捗を共有した

・成功体験を積んだことで考え方が変わり、通期の目標を達成できた

・組織の目的を再設定し、仕事の意味を再定義した

（成果）

年度予算の達成と意識変革が起こった

第7章

経営者インタビュー

滝沢ハム株式会社　中江一雄社長 インタビュー

1 会社概要

市場情報：東証スタンダード
　　　　　　栃木県栃木市泉川町 556
設　　立：1950 年 12 月
業　　種：食料品
事業内容：食肉加工品（ハム・ソーセージ等）の製造および販売
　　　　　　和牛および国産牛の肥育、牛肉・豚肉の加工、食肉全般（国
　　　　　　内、海外）の販売
　　　　　　ミートショップ（直売所）の展開など
代 表 者：中江一雄（代表取締役社長）
資 本 金：10 億 8,050 万円
従業員数：725 名（2021 年 3 月末）

筆者と中江一雄社長（写真右）

2 会社紹介

　栃木県に本社を置き、澄んだ空気と日光連山から流れる水、そして豊かな自然環境のもとで、食肉および食肉加工品の製造販売を行っています。ローストビーフ、大谷の生ハム、黒と黒のハンバーグなど、高品質で美味しく、こだわりのある商品を作る会社として有名です。

　その確かな技術と商品力は、ヨーロッパの権威ある食肉加工コンテストにおける数多くの受賞歴が証明しています。1976 年の第 21 回スラバクトで金メダルを受賞以来、現在までにトータルで 236 個の金メダルを獲得。創業以来こうした基本姿勢を守り、本場ヨーロッパの公の場においても認められた、世界に誇る会社です。

3 インタビュー背景

　栃木県宇都宮市にある大谷の洞窟で天然熟成させた「大谷の生ハム」や、テレビ番組「マツコの知らない世界」で絶賛され大ヒットした「黒と黒のハンバーグ」、一級品の「ローストビーフ」など、高品質で独特な着眼点から開発された商品が多数あります。また、女性活躍が叫ばれる前から、産休・育休から復帰して活躍し続ける女性が数多くおり、女性初の役員がロールモデルとして一躍を担っています。

　本社内には保育園を創設し、第一子の費用を全額会社が負担する制度もあります。また、子供がいる家庭には、工場で規格に合わなかった商品を詰め合わせて毎月 2 回の無料配布を行っています。変化する時代の中で、社員を大切にする家族主義を貫き、毎年 30 名近くの新入社員の採用を続けています。

4 インタビュー目的

　1918 年の創業で 100 年以上の歴史のある会社でありながら進化し続

け、業界でも一目置かれる存在として異彩を放っています。私も同じ食品業界出身であることから、独特な着眼点による商品開発に注目したいと思っていました。また、滝沢ハムの中興の祖として知られる中江社長の講話を以前に拝聴したことがあり、その生々しい語り口と迫力に圧倒された経験があります。

　この混沌とした時代をどのように捉え、どう乗り越えたらよいのか、また日本の今後のあるべき方向性について、中江社長に改めてお話を伺いました。迫力ある臨場感を読者の皆様にも感じて頂ければと思います。

5 インタビュー内容

筆者：ほとんどの商品開発を中江社長が自ら手がけられたとのことですが、どのような着眼点なのでしょうか。

中江社長：企業秘密もあるので詳細はお伝えできませんが、基本的には時代の流れとお客様が求めているものを感じ取る努力をしています。私はスーパーに行ってもハムやソーセージの売場はほとんど見ないんです。それよりも、パンや野菜売り場などを見ながら、時代の変化を感じ取り、商品開発のヒントを得るようにしています。

　先日、韓国のケーキ店を視察に行ってきたのですが、5階建てのすべてのフロアでケーキが売られていました。店は並ばなくては入れないほどの賑わいでした。今回もそのケーキ店から学んだことはたくさんあります。その一つは製法です。ケーキは手作りなのですが、売れるようになると量産しなければなりません。職人だけでは量産に限界があるのです。このケーキ店が秀逸なところは、職人の他に量産をはかる技術者がいるんです。職人と技術者のペアでヒット商品を作る仕組みがあるんですね。

　実はこのような発想はもともと弊社にもありました。先日もある大手量販店からソーセージの開発依頼があり、試作品を持っていっ

166

たところ、「なぜこのような美味しい商品を短期間で作れるのです
か」と大変驚かれたのです。聞くところによると、いくつかの大手
メーカーに同じような依頼をしたところ、当初の品質レベルに合わ
ずに大変困っていたとのことでした。大手メーカーは初めから量産
ができる品質と製法で試作品を作りますが、私たちは美味しい商品
を作り、あとからその商品を量産する方法を考えるんです。つまり、
順番が逆なんですね。私たちはそのように商品を開発してきました
ので、そのノウハウがあるのが強みだと思っています。

筆者：業界ではワンランク上の美味しい商品を作る会社として認知され
ています。どのような方針なのでしょうか。

中江社長：先代から、「売れる商品ほどよりよい商品に改良し続けろ」
という教えがあるんです。目先のヒット商品はブームで終わってし
まいますが、美味しく品質のよい商品は長く愛されます。そこに応
え続ければ顧客は必ずついてくるという考え方が原点にあるのです。
私たちは売れる商品ではなく、よい商品を作ることを方針としていま
す。

筆者：以前中江社長のご講話で、食中毒を出して会社が潰れそうになっ
た時のお話をされていました。その時の体験をお聞かせ頂けますか。

中江社長：今から20年以上前の話になります。もともとは仕入れ先の
原料に問題があったのです。しかしそれを加工して販売している弊
社に問題があると指摘されて、商品が続々と売場から撤去され、返
品の山で溢れてしまったのです。
　それを機に業績が一気に半分まで落ち込みました。その時に営業
本部長だった私は、朝から晩までお客様へのお詫びと得意先への状
況説明などで走り回り、その対応で毎日が過ぎていきました。業績

もどんどん下がり、その時は倒産を覚悟しなければならないほどの状況でした。

　そして数か月が経ったある日、へとへとに疲れた身体を投げ出して、公園のベンチでたばこを吸いながら考えていたんです。正直、食中毒の原因である仕入れ先を責めた時もありました。しかし弊社のブランドで商品を売っている以上、理不尽であっても私たちの責任は追及されます。そのことをじっと考えていた時に「もう誰かのせいにするのは止めなさい」という内なる声が聞こえてきたんです。そしてそれをきっかけに思考が飛躍したのです。

　「この状況をいくら恨んでも嘆いても、何の解決にもならない。そしてお客様や得意先に迷惑をかけてしまったのは、自分たちに責任があると考えるべきなのではないか。さらには営業本部長である自分にすべての責任があると考えるべきではないか」と。

　そのような思いに至った時、まさに顔を上げたその先に、東京インテリアの「感謝セール」という大きな垂れ幕が目に飛び込んできました。私は「これだ！」と思い、急いで会社に戻り、高品質の品物だけで袋詰めセットを作るように指示を出しました。その袋には「感謝セール」と銘打って、原価と実費だけを乗せた値段で得意先に持参したのです。

　これまで事業を続けてこられたのも、私たちの商品を販売し続けてくれた得意先のおかげであり、買い続けてくれたお客様のおかげだと気づいたのです。もしかしたらこのまま倒産してしまうかもしれない。しかし、もしこれで終わることがあっても、せめて最後に感謝の気持ちを伝えたいと思いました。

　結果は、その商品の注文がどんどん入り、業績はみるみる回復していきました。そして得意先からの信頼は回復し、一命を取り留めることができたのです。私はそれを機に、すべての責任は自分にあると考えるようになりました。そして、感謝の気持ちを忘れずに商売を行うことを肝に銘じました。それを境に私は変われたのだと思っています。

筆者：今、エネルギーや原料などが高騰し、どの業界も値上げに苦しんでいますが、御社の状況はいかがでしょうか。

中江社長：当然弊社も厳しい状況ではあります。しかし、苦しい時こそ人は成長すると思っています。だから私は、この状況は好機と捉えているのです。営業には「得意先には状況をしっかりと説明し、値上げを伝えてきなさい。もし理解を得られないのであれば、取引停止も止むを得ないことも併せてお伝えしてきなさい」と。

　多くの会社は営業には値上げをしてこい、商品は切られるなと指示を出しているのではないでしょうか。これでは現場の営業にとっては二重拘束になり、どうしたらよいのか分からなくなります。結局腹が括れずに、弱腰の営業になります。相手からは「商品を切られたら御社は困るんでしょう」という腹を見透かされて、値上げができずに時間だけが過ぎていく事態になることは明らかです。これでは商品にただぶら下がっているだけの営業ということになります。だから切られてもよいから、値上げをしっかりと伝えてきなさいと号令を出しました。

　リーダーがぶれずに明確な方向性を示せば、部下には意志が伝わり不思議と腹が据わるものです。そうなると、そうはいっても営業として何とか切られないようにと粘り腰が利くようになるのです。そういう意味でも、この状況を社員の成長のための好機と捉えれば、こんなチャンスはありません。「逆境こそが人を成長させる」というのが、私の体験から掴んだ真理なのです。

筆者：最後に、日本の閉塞感を打破するために読者のみなさまへメッセージをお願いします。

中江社長：私は日本人にもっと元気になってもらいたいんです。この3年間はコロナ禍で大変な状況だったのも分かります。しかし、状況

が困難であっても、顔を上げて清々しくいてほしいと思います。だから私は、このように大変な状況でも社員には豊かな心を持ってほしいと思います。

　ちょうどコロナ禍が始まった3年前から自費でシクラメンを仕入れて、すべての部署に一鉢ずつ置くようにしました。中には暖房が利きすぎて枯れてしまうものや、水をやるのを忘れるものなど様々です。しかしそれでいいんです。徐々に花の育て方を覚えて、情緒を育んでほしいと思っています。シクラメンを置く意味は、社員にはどんな時でも心豊かにあってほしいという私の願いなのです。

　もし今の日本に閉塞感というものがあるならば、それは自分の心がそうしているのであって、誰かが仕向けているのではありません。すべては自分次第、雨が降ったのも自分の責任と思えれば、状況は変えることができます。だから私は、日本人にもっと元気になってほしいと心からそう願っています。

シクラメン

6 インタビュー所感

　インタビューを通して、中江社長の誠実さと本気度がひしひしと伝わってきました。言葉がずっしりと重たいのです。胸にダイレクトに響くのです。本音で正々堂々と生きてこられたその生き様に終始圧倒され、襟を正さねばとインタビュー中に何度も座り直した自分がいました。この取材を通して素晴らしいリーダーのあり方を学ばせて頂きました。そして何が起ころうとすべては自分の責任と捉えることができれば、確かに正々堂々と生きられるように思います。

　インタビューを終えた帰り道、岩船山を眺めながら「幕末の三舟」の一人、山岡鉄舟が詠んだ歌を思い出しました。

　「晴れてよし　曇りてもよし　富士の山　もとの姿は　変わらざりけり」

2 伊那食品工業株式会社　塚越英弘社長 インタビュー

1 会社概要

市場情報：非上場

　　　　　長野県伊那市西春近広域農道沿い

設　　　立：1958 年 6 月

業　　　種：食料品

事業内容：寒天、天然ゲル化剤などの製造・販売

代 表 者：塚越 英弘（代表取締役社長）

資 本 金：9,680 万円

従業員数：509 名（2022 年 1 月）

最高顧問：塚越 寛

2 会社紹介

　同社は株式上場しておらず、かつ大手上場企業の傘下にも属していない独立系の企業です。寒天を原料にした商品の研究開発に力を入れ、食品はもとより化粧品、医薬品等にもその用途を広げています。一般市場では「かんてんぱぱ」ブランドの商品を提供し、業務市場では国内シェアは約 80%、世界でも 15% を占めています。同社

筆者と塚越 英弘社長（写真右）

に関心を抱く経営者は多く、トヨタグループ、帝人を始めとした多くの
企業が見学に訪れ、経営を学んでいます。

3 インタビュー背景

　同社は現最高顧問の塚越寛氏が、当時勤めていた木材会社が買収し
た赤字の寒天会社の社長を任されたことから始まります。その後、「い
い会社をつくりましょう」を経営理念に掲げ、凡事徹底をモットーに、
2008年には創業以来48期連続増収増益を達成します。そのことがプ
レジデント誌に取り上げられ、世間に注目されるようになりました。ま
た、「年輪経営」を標榜し、人が成長した分だけ会社も成長するので、
無理な拡大はしないことを信条に経営をされてきました。

　方針はあれども、目標数値を掲げないことでも有名です。塚越最高顧
問は、「二宮尊徳の思想である『遠きをはかるものは富み、近きをはか
るものは貧す』を実践することが、人を幸せにできる」と言い、「本当
は決算なんて、3年に一度くらいがちょうどいい」と喝破されます。

　また、同氏は48期連続増収増益という部分だけにフォーカスを当て
られることに違和感があるとのこと。むしろ誇りを持って言えるのは、
「これまで誰一人として、この会社を嫌でやめた人はいないこと」だと
言います。これは「人を幸せにする」ことを目的に経営を行ってきた
結果であり、売上や利益を上げることのためだけにやっているわけでは
ないと明言されていることの証なのです。社員が自ら「伊那食ファミ
リー」と呼ぶ、この組織風土にこそ、その神髄が表れているように思い
ます。

4 インタビュー目的

　会社は2代目、3代目でつぶれるというセオリーがあります。事実多
くの会社がそのような末路をたどっています。これは経営のみならず、

組織のリーダーでも同じことで、前任者が優秀で高業績を上げていればいるほど、後任者は辛酸をなめることになるケースも多いのではないでしょうか。

そうなる理由は、もちろん様々あろうかと思います。例えば人間にはエゴがありますから、そのエゴを満たすべく、前任者との違いを出そうと新しいことをやって失敗するというケースがあります。また、メンバーが優秀な前任者の影響を受けすぎて、後任者が色あせて見えてしまい、やる気が下がってしまうということもあります。

私は、あのトヨタ自動車の社長も学び、薫陶を受けたと言われる、塚越寛最高顧問の後任である塚越英弘社長に、どのようなバトンが渡され、今後どのようにこの企業風土が存続されていくのか、とても興味がありました。そして、創業以来何十年も心理的安全性を体現されてきた会社から、直接その神髄を聞き取り、読者のみなさまとともに学びを深めたいという思いで、取材をさせて頂きました。

今回インタビューをさせて頂いた塚越社長の印象は、とても気さくで、話しやすいお人柄でした。そして、ぶれない言葉で年輪経営の重要性を説かれた時間は、とても濃密だったとつけ加えておきます。では以下に、その一端をご紹介します。

5 インタビュー内容

筆者：この混沌とした現代に、多くの経営者はとまどい、迷走しているように思います。今、経営に必要なことは何だと思われますか。

塚越社長：少し前の時代は、多くの企業が一本の川の流れのように、成長し発展していました。つまり、川の流れに乗ってさえいればよかったのです。しかし時代は変わり、どの企業も川から海に放り出されてしまったので、方向性が見えなくなっています。それでも視界が晴れて、穏やかな時はまだよかったのですが、今の海は大荒れ

で、次から次へと荒波が押し寄せてきます。多くの企業が、どこに
舵を切ればよいのか分からなくなっているのではないでしょうか。
　ですので今必要なことは、会社はどこを目指すべきなのか、その
目的をはっきりさせることです。私たちの会社の目的は明確です。
「人を幸せにすること」です。そのために経営を行っています。

筆者：目標がないということですが、本当に目指すものがなくて、大丈
　　夫なものでしょうか。

塚越社長：目標はあります（笑）。目指すべき方向性は定めていますし、
　　目標は持っています。しかしそれを実現するために、ほとんどの会
　　社は数値目標を設定します。私たちは、その数値目標を持たないよ
　　うにしているということです。
　　　ただ、社内のどこかに数値目標はあるようだという話は聞いたこ
　　とがあります。どこかの営業所が数値目標を自分たちで設定してい
　　るようだと（笑）。これは会社が強要したことではありません。自
　　分たちはそのほうがやりやすいと思って、自主的にそうしているの
　　です。この考えは工場も研究もすべて同じです。
　　　シンプルに考えると分かると思いますが、誰かに決められた目標
　　をやりたいと思いますか？　自分で決めた目標だからやる気になる、
　　というのが自然ではないでしょうか。人は成長します。その成長し
　　た分だけ、売上が上がればよいのです。無理に伸ばそうとすると、
　　弊害のほうが大きくなります。工場も同じことで、夜間に稼働する
　　ことはありません。夜は家族との団らんの時間であり、就寝の時間
　　だからです。自然の摂理に合わないことは、結局長続きしないので
　　す。

筆者：世間では心理的安全性が重要だと言われていますが、それについ
　　ての考えをお聞かせください。

塚越社長：心理的安全性は手段ではありません。まさに目的そのものです。例えば役員会議はほぼ雑談で、みんな好き勝手なことを話しています。当社は社長室もありませんので、私も横並びで、一緒に仕事をしています。ですのでみんなが気軽に話しかけてきます。

　このように上下関係の垣根が低いのは、ひとつは先代の最高顧問の性格によるものだと思います。一方で上下左右に垣根がなく、気軽に意見を言い合えるような組織を維持することを意図的に行ってもいます。なぜなら、上下関係の圧力が強く、「隣の部署は何するものぞ」では、いいアイデアも湧きませんし、主体性も発揮されないからです。この組織風土を保つための施策を２つご紹介します。

　１つ目は「みんなで一緒にやる機会を作ること」です。私たちは毎朝、掃除をみんなで行います。これは時間外に自主的に行っていることですが、秋にはたくさんの落ち葉が散るので、就業時間中でも、「掃除に行くぞ！」と号令をかけることがあります。この「みんなで」というのが肝で、掃除をしている際中は上も下もありません。つまり横の関係が維持され、自然とフラットなコミュニケーションが生まれるのです。

　２つ目は社内旅行です。国内と海外を交互に毎年行っています。国内は２日、海外は４日間かけて行きます。平日も使って社員旅行をするのです。この旅行は、いくつかの選択肢を用意して、どこに行くかを自分で選んでもらうのですが、旅行中にみんなで集まるのはたったの１回だけです。その他はすべて自由行動になります。

　すると、一人でいるよりは仲間といるほうが楽しいので、自然発生的に垣根を越えたグループができるのです。このような施策を続けてきたので、社員間のコミュニケーションは良好で、世間によくある部署間の壁のようなものは存在しません。

筆者：これまでの日本の発展を支えてきた終身雇用や年功序列、つまり家族的経営は崩壊しつつあります。メンバーシップ型の採用から

ジョブ型採用へと移行しつつあり、政府が率先して副業を奨励していることが潮流になっています。これについての考えをお聞かせください。

塚越社長：当社は一貫して「社員は家族である」という考え方で経営を行ってきましたし、これからもそれは変わりません。家族の食い扶持が少ないからと、誰かを外へ放り出すようなことなど考えられないと思います。年功序列も同じで、年齢が上がるほど必要なお金も増えてきますので、それに応じて給与を増やしていくのが適切だと思っています。

　当社はこれまで年齢給とともに、毎年給与水準を上げ続けてきました。このコロナ禍でも変わらずに上げ続けています。費用の中で社員所得の比率が高いことは、むしろいいことだと思っています。そして未来への不安がなく、少しでも会社が成長していることを実感できると、人は安心し、前向きになるのです。

　そのような観点からすると、副業解禁も、ジョブ型採用も、45歳定年制などもすべて手段であり、目的ではないと思います。会社の目的は何かを考えれば、手段は変わるのではないかと思います。私たちが求めているのは社員の幸せです。それ以外はすべて手段です。

　多くの会社は経営理念で社員の幸せを掲げています。そして、顧客のため、世間のため、社会のためと謳っています。ならば、その経営理念の実現こそが会社の目的ではないのかということです。その目的の実現へと向かう方法は様々です。しかし、会社が言っていることと、やっていることに齟齬があれば、社員との信頼関係を築けるはずもありません。

　私はこの混沌とした時代だからこそ、会社はどこを目指しているのかという目的を明確にすることが何より重要なことだと思っています。そしてその目的を掘り下げれば、社員の幸せ以外にはないと

確信しています。

筆者：最後に、「遠きをはかる」経営についてお聞きします。代が変わり、時代が変遷しても、永続して成長、発展し続けることができるとしたら、その秘訣は何だと思われますか。

塚越社長：それは「道」です。茶道や華道も代は変わります。しかし、その本質は変わらず、脈々と受け継がれるのが「道」だと思うのです。経営もまた同じではないでしょうか。

6 インタビュー所感

　インタビューを終えたあとの感想は、正直、何か胸のつかえが取れたような思いでした。そして、当たり前のことを当たり前の言葉で語られると、人は言葉が出なくなるということを知りました。私は塚越社長の話を聞けば聞くほど、質問が出てこなくなりました。

　なぜならば、質問をする前に「それは人として正しいと思いますか」という無言の問いが私に向けられていると感じたからです。すべての経営判断は、人として正しいかどうか、それ以外にはないと改めて教えて頂きました。

株式会社ネットプロテクションズ
柴田 紳社長 インタビュー

1 会社概要

市場情報：プライム市場

（株式会社ネットプロテクションズホールディングス）

〒 102-8519　東京都千代田区麹町 4 丁目 2-6

住友不動産麹町ファーストビル 5 階

設　　立：2000 年 1 月

業　　種：その他金融業

事業内容：BtoC 通販向け決済「NP 後払い」の運営

BtoB 向け決済「NP 掛け払い」の運営

BtoC 向け会員制決済「atone（アトネ）」の運営

台湾向け決済「AFTEE（アフティー）」の運営

ポイントプログラムの運営

筆者と柴田 紳社長（写真右）

代 表 者：柴田紳（代表取締役）

資 本 金：1 億円

従業員数：320 名（2022 年 3 月末）

2 会社紹介

　業界シェア No.1 の後払い決済サービス「NP 後払い」を提供している会社です。クレジットカードの情報登録や会員登録が不要な便利さ、商品到着後に支払える安心さから市場ニーズも高く、次世代型の決済サービスを提供しています。その他、BtoB の「NP 掛け払い」や台湾市場向け「AFTEE」など幅広くサービスを展開中。

3 インタビュー背景

　同社は「競争心を煽らない」という考え方で、旧来のピラミッド型組織ではなく「自律・分散・協調」を指針とした「ティール組織」を採用し、心理的安全性の高い組織運営を実現しています。

　また、毎年 30 人前後の新入社員を採用しており、従業員の 7 割以上は新卒で構成され、入社 3 年以内の定着率も 95 ％以上と高いエンゲージメントを維持しています。昇給は 360 度評価により決定し、特定の人の判断による偏りを排除しています。さらに、マネジャーという職種もなく、カタリストという相談役を配置しています。社員への権限委譲を推進し、内発的動機づけを組織運営ドリブンとしているところに同社の特徴があります。

　このような、とてもユニークな組織運営をベースに事業を発展させて東証一部に上場（2021 年 12 月 /2022 年 4 月プライム市場へ移行）し、話題を呼んでいる注目の企業です。

4　インタビュー目的

　日本では 2018 年に出版されたフレデリック・ラルー著の『ティール組織』(鈴木立哉訳 / 英治出版) が大変話題になりました。しかしこの組織形態を実現するには人間的・組織的成熟が必要で、その実現はなかなか難しいとされてきました。事実このような組織作りができている会社は、日本でもまだまだ少ないというのが現状です。

　ここで言う「ティール組織」には、以下のような特徴があります。例えば、組織が一個の生命体のように、従業員全員で共鳴しながら事業推進しているようなイメージです。この組織は従業員が上司から仕事を与えられるのではなく、それぞれの自由意思で行動します。ありのままの自分が尊重される「ホールネス」という考え方が前提にあります。このホールネスにより従業員の心理的安全性が確保され、自身の目的や価値観に合った働き方が選べるようになります。

　また、リーダーには「導く」よりも「話を聞く」役割が求められます。従業員が自主的に行っている仕事を確認し、必要であればアドバイスを送るのがリーダーの務めです。そこには上下関係はなく、すべての従業員がお互いを支え合うという考え方があるのです。

　このように「ティール組織」とは、上意下達のピラミッド型組織とは真逆の組織形態になるわけです。私はこの非常に進歩的な組織形態に興味を持ち、これを実現している会社を研究することで次世代の可能性を見出したいと思いました。以上の理由により本書の主題である心理的安全性の高い組織作りのロールモデルとして、株式会社ネットプロテクションズをご紹介いたします。

5　インタビュー内容

筆者：ティール組織を採用した背景をお聞かせください。

柴田社長：実はティール組織は後づけで、その前から現在の組織形態で
やっていました。当初はこの組織形態を説明するのに大変苦労しま
した。しかし2018年に出版された「ティール組織」が話題になり、
その後の弊社の組織運営の説明にとても重宝したというわけです。

　もともとの発想は、大学で所属していたテニスサークルがベース
にあります。上下関係もなく、和気藹々と楽しく過ごすことができ
ました。この組織形態のまま成績が残せる組織が作れるなら、ビジ
ネスでも有効なのではないかと思っていたのです。

　大学卒業後は商社に入ったのですが、FAX1枚送るのでも決めら
れた書き方と違うと先輩から怒られるような会社でした。上意下達
で自由度がほとんどない会社だったのです。

　そして会社のために自分なりに何とかしたいと思い、企画を考え
提案したところ「余計なことをするな！」と先輩から怒られて、却
下されることもありました。今考えるとその先輩の嫉妬心もあった
と思います。あの時は「会社のためを思って必死に考えた企画なの
になんで……」という思いが拭い切れませんでした。正直あの時は
悔しくて泣きましたね。

　つまり私がこの組織を作りたいと思ったのは、当時の上意下達の
日本型経営に対する「憤り」からの反骨心もあったと思います。私
は勉強しろとも、塾に行けとも言われずに自由意志が尊重される家
庭で育ってきました。そのため、意思決定を他人に委ねることに嫌
悪感があったのだと思います。それと同時に、大学のサークルのよ
うに、主体性に任せたほうが人は力を発揮するという現実を経験し
てきたので、そのような組織を作れないかと常々考えていました。

筆者：それでは、わりと初めから順調に組織作りが進んだということで
すね。

柴田社長：いや、それが正直言うとそうではないんです。投資会社に転

職をして、その後、その投資対象となったのがこの会社だったんです。私は出向取締役として送り込まれたあとに代表取締役に就任し、事業構築と企業再生を請け負うことになるのですが、最初は私とCTO（チーフテクノロジーオフィサー）の二人で切り盛りしていました。振り返ると、組織化が進んできた2006年〜2012年が一番きつかったのではないかと思います。この頃はまだ、私が目指したい組織を言語化できておらず、社員も私が何を目指しているのかが理解できず、人材の流出が激しい時期でした。

　転機が訪れたのは、2012年に50名の社員と「本当に働きたい会社」について徹底的に議論した時でした。5〜6人のグループに分かれ、それぞれのチームに活動資金を渡し、「どこで何を議論してもいいので、自分たちがありたい組織を提案してほしい」と伝えたのです。その結果、理想的な会社のあり方についてメンバー全員で共有することができました。

　その時を境に今の形態の組織作りに拍車がかかりました。制度としては、トライアンドエラーを繰り返しましたが、本質的に目指すべき姿は変わっていません。つまり自律・分散・協調が基本です。

筆者：改めて社長の考える心理的安全性を定義して頂けますか。

柴田社長：何でも言いたいことが言える組織だと思います。私たちはこれまで透明性が高く、できる限り情報をオープンにすることに取り組んできました。経営会議の議事録や給与や昇給もオープンにしています。それらの情報に対して意見を書き込むこともできるのですが、それを読んでいると「これは経営批判かな？」と思える内容もあるんですよ（笑）。これも会社をよくしたいという思いからの発言ですので、私はむしろ歓迎しています。

筆者：そうなるとリーダーの方々には、人間的な成熟度が求められますね。

柴田社長：リーダーには受容する力が求められます。私たちの会社は、リーダーシップを求めているのです。ここで言うリーダーシップというのは広義で、自ら考え、周囲を巻き込み、ことを実現する力を指しています。このようなリーダーシップを発揮してもらえる人材に育ってほしいと思っています。その点では早い段階から裁量を持たせているので、他社に比べても相対的にリーダーシップ力が高い人材が多いのではと思っています。

　さらに組織を任せていきたい人材とは、囲い込まないマネジメントができる人でしょうか。組織を任せると自分の色に染めよう、自分の意見で動かそうと上から圧力をかける人がいます。当社はそういうマネジメントを求めていません。私たちが求めているのは、任せて主体性を引き出し、内発的動機づけを高めるマネジメントです。

　主体性が発揮できる組織では、事業推進のための取り組みが現場から創造されます。例えば、台湾のオフィスを立ち上げた社員は、気づいたら事業を構築して現地の人を採用していました（笑）。この麹町のオフィスに引っ越してきたのも、移転のプロジェクトを組んだら、勝手に物件選定やコンセプト立案をしてきて、私からの用命はほとんど必要ありませんでした。これがうちの会社では通常なのです。

筆者：大企業でもこのようなティール組織、つまり心理的安全性が高い組織作りはできると思いますか。

柴田社長：できると思います。どの企業でも、生き生きと目を輝かせて働けている部署というのがあると思うんです。大企業だからできないのではなく、リーダーが何を目指しているのか、その実現のためにどうマネジメントするのかに懸かっていると思います。言っていることとやっていることが一致していて、一人ひとりの内発的動機づけを高めて、目標をみんなで目指すように持っていけるリーダー

はいます。私はそのようなリーダーのもとでは、同じように力が発揮されていると思うんです。

筆者：最後に、日本の閉塞感を打破するためには何が必要だと思われますか。

柴田社長：もう一度、目的を定めることだと思います。そしてその目的を実現するための方法を提示し、その両輪をぶれずに回すことだと思います。形骸化した理念では何の役にも立ちません。この時代はまさに目的の明確化とリーダーの言行一致こそが、すべてに優先されると思っています。

6 インタビュー所感

　柴田社長は最初からとてもオープンなスタンスで、どの質問にも丁寧に回答され、熱い想いで語って頂きました。これまでの失敗も堂々と話され、自ら透明度の高さを体現するリーダーとしてのあり方にとても感服しました。広報の方々もインタビューに同席下さいましたが、柴田社長の話を確認するような質問にも、飾らずに自分の言葉で話されていました。社長の前でも忖度せずに自分の意見を述べる様子からも、心理的安全性が日常であることを感じました。

　おそらく日本において「ティール組織」をここまで具現化している会社はないと思います。柴田社長は「わが社が日本のよきロールモデルとなり、人が生き生きと働ける会社が増えることを願っている」と言われました。私も日本中にこのような組織が誕生する未来を切に期待したいと思います。

4 株式会社タニタ　谷田千里社長 インタビュー

1 会社概要

市場情報： 非上場

東京都板橋区前野町 1-14-2

設　　立： 1944 年 1 月

業　　種： 精密機器

事業内容： 家庭用・業務用計量器（体組成計、ヘルスメーター、クッキングスケール、活動量計、歩数計、塩分計、血圧計、睡眠計、タイマー、温湿度計）などの製造・販売

代 表 者： 谷田千里（代表取締役社長）

資 本 金： 5,100 万円

従業員数： グループで 1,200 名（2021 年 3 月現在）

タニタ　谷田千里社長（写真左上）
日本活性化プロジェクトメンバー　二瓶琢史氏（写真右上）
広報課　横田洋子氏（写真左下）　　　　　筆者（写真右下）

2 会社紹介

　体組成計を始めとする「健康をはかる」計測機器のリーディングカンパニーです。タニタでは「健康なからだづくり」のためには、「食事」「運動」「休養」をバランスよく取り、身体の変化を客観的な数値として把握する「健康サイクル」が重要だと考えています。そしてこれらをサポートする様々な健康計測機器やサービスを提供しています。

　1992 年に世界初の乗るだけで計測できる体脂肪計を発売して以来、世界初の「部位別体組成計」や、フレイル予防に役立てられる身体の衰えを見える化する「次世代ヘルスメーター」などを開発してきました。また、1 日の総消費カロリーを計測する活動量計、睡眠の状態を測る睡眠計、糖尿病予防に役立つデジタル尿糖計など、これまでになかった「健康をはかる」機器を次々と商品化してきました。

　さらに「食事」面では、社員食堂で提供していたヘルシーメニューをまとめたレシピ本『体脂肪計タニタの社員食堂』（大和書房）がシリーズ累計で 500 万部を超えるベストセラーとなりました。これをきっかけに「丸の内タニタ食堂」を開業し、レストラン事業に参入。タニタでは「世界の人々が健康習慣によって自らの可能性を広げ、幸せを感じられる社会を目指します」をビジョンに掲げ、これをサポートする様々な商品やサービスを展開しています。

3 インタビュー背景

　「健康をはかる」計測機器の開発・販売を手がけてきた同社は、創業家 3 代目の谷田千里社長のもと、レストラン事業や企業、自治体向けの「集団健康づくりプログラム」へと事業を広げてきました。その健康プログラムの始まりは、先代社長の時代から、歩数計、血圧計、体組成計などの計測データを専用サイトに転送し、日々の変化を可視化するという画期的なサービスを業界に先駆けて推進してきたことです。しか

し認知が進まずに事業的には赤字が続いていました。谷田千里社長は本サービスにこそ未来があることを確信し、事業の再構築を懸けて全社員に指示を出して、本サービスのデータ検証を断行しました。その結果、適正体重者（BMI18.5〜25未満）の比率も平成20年度約70％から平成24年度には約75％となるなど有意差が見られ、社内の医療費が一割近く減ったことを実証しました。

その後、このプログラムの取り組みが厚生労働白書に2回にわたり紹介されて、2013年には厚生労働省の「健康寿命をのばそう！アワード」で厚生労働大臣最優秀賞を受賞。さらにこれら健康経営の取り組みが当時の安倍晋三首相の成長戦略のスピーチで取り上げられるなど、大変な話題を呼びました。

このように次々と新規事業を成功させた谷田社長は、攻めの経営者として知られています。さらに2017年からは新たにタニタ流の働き方改革である「日本活性化プロジェクト」をスタートし、その成否が注目されています。

4 インタビュー目的

本書の冒頭に示したように、エドモンドソンが定義する心理的安全性とは「みんなが気兼ねなく意見を述べることができ、自分らしくいられる文化」とされています。そのような観点からすると、究極の心理的安全性とは組織に依存することなく、自らの意志で自由に働くことではないかという考えが私の中にあります。

私は30代でサラリーマンを辞め、起業の道を歩んできたわけですが、ビジネスを軌道に乗せ一定の収入を得るまでの苦労は、並大抵ではありませんでした。そのためこれまで独立の意向があるとの相談を受けるたびに、慎重に考えてあまり極端に舵を切らないほうがよいとアドバイスをしてきました。

もし、当時勤めていた会社にタニタが推進する「日本活性化プロジェ

クト」のような仕組みがあったら、私も辞めることはなかったのではないかと思っています。そういう意味でも、タニタの取り組みにはとても興味があり、是非ともこのプロジェクトの実態を知りたいと関係各所にご調整を頂き、ご出張中のアメリカからのリモートインタビューという形で谷田社長への取材が実現しました。

　この「日本活性化プロジェクト」とは、社員がタニタを退職し、個人事業主として業務委託契約を締結してタニタの業務に取り組む仕組みの呼称です。2017 年からスタートした本プロジェクトは、時間や場所の制約なしに働けるというこれまでにない働き方であり、日本が推し進める時短や残業規制を中心とした「働き方改革」とは違った視点で取り組むタニタ式の「働き方改革」でもあります。

　今回はスタートから 5 年が経過したプロジェクト運用の実態についてお聞きしました。さらに日本の閉塞感を打破する方法についても忌憚のないご意見を頂きました。

　インタビュー内容について以下にご紹介します。

5 インタビュー内容

筆者：日本活性化プロジェクトを思いついた背景を教えてください。

谷田社長：先代である父から会社を引き継いだ時は、当たり前ですが経営者としては初心者です。うまく会社を経営できると考えるほど楽天家でも自信家でもありませんでしたので、会社をつぶしてしまうかもと思って経営者としての生活がスタートしました。万が一この先会社が傾いたときに、色々な理由があるとは思いましたが、給与が支払えなければ優秀な人材から辞めていくだろうと想定したのです。そうなれば私一人が奮闘したところで焼け石に水であり、会社がつぶれる可能性はさらに高まります。そういう事態になった時、優秀な人材に何とかとどまって最後まで一緒に踏ん張ってもらうた

めにはどうしたらよいのかを真剣に考えました。仮に厳しい状況に
陥ったとしても、タニタを愛し、最後まで事業回復に協力してくれ
るような人たちと共に働ける体制を作れないかと思案していました。

　そのように考えたら、社員ではなく対等な関係、つまり個人事業
主としてタニタと契約をし、成果に応じて報酬を払うというシンプ
ルな関係が浮かんできたのです。そう思って他にも同じ発想でやっ
ている業界はないかと調べてみたら、意外にも事例がありました。
保険業界や美容業界もそうです。そのような事例を参考に、税理士
と検討を重ねてこのプロジェクトの骨子が出来上がったのです。

　今の日本の「働き方改革」は本来の趣旨から外れて残業規制など
が先行してしまい、むしろ働かないことを推奨するような流れに
なっています。もちろん、過重労働は避けなければいけませんが、
このまますべての人が残業もなく、決められた枠の中でしか働くこ
とができない状況が続いたら、日本はつぶれてしまうのではないか
という危機感すら覚えます。バブル崩壊後の失われた30年を振り
返っても、この先に日本がよくなる兆しが全く見えません。

　さらに新入社員が仕事を覚えて、それなりの経験を積み、一人前
になるにはある程度がむしゃらにやらなければならない時期もある
のではないでしょうか。ですから、新人とベテラン社員が一律同じ
時間で働かなければならないような「働き方改革」は、どこか目的
をはき違えているように思います。

　そのような思いもあり、会社と個人が対等な関係で、働く時間は
本人の裁量で決め、より主体性を引き出すような仕組みができない
かと考えてたどり着いた結論が、この「日本活性化プロジェクト」
というわけです。つまり会社と個人事業主が契約するという新たな
働き方です。

筆者：現在ではコロナ禍も相まって、完全リモートで副業 OK、時間に
　　　も縛られない自由な勤務体系を採用する会社も出てきました。あえ

てタニタを退職し個人事業主として契約をするという、このプロジェクトの意義を教えてください。

谷田社長：前者の制度と私たちの取り組みでは根本的な違いがあります。まずタニタでは副業を認めていません。私は仕事を本業と副業とに分けること自体がおかしいと思います。副業＝片手間という意味にも捉えられます。この世の中に片手間でできる仕事なんてあるのでしょうか。すべての仕事が本業であって、副業などという概念は私にはありません。つまり個人事業主になれば、請け負う仕事はすべて本業になります。依頼主の期待に応えるのが仕事だと思うのです。

　タニタ社としての仕事への考え方や取り組みの姿勢を伝える意味で、このプロジェクトのスタートを宣言したという背景があります。

筆者：「日本活性化プロジェクト」の導入前と導入後で何か違いはありますか。

谷田社長：2017年にスタートしたこのプロジェクトも、かなり社内に定着してきました。この仕組みは、独立志向がある人が安心してスタートできるように、最低でも3年間はタニタと仕事ができる契約となっております。それ以降も毎年契約を更新して働けるような条件を整えています。そして5年経った現在でも、タニタの仕事より他社の仕事の割合が多いという人はいません。

　現在では、社内から30名程の人たちが個人事業主としてタニタと業務委託契約を結んで働いています。社外からも数名、この仕組みで新たにタニタの業務を委託しています。このような働き方が定着してきたことがよい刺激となり、社員の活性度も上がってきたと感じています。結果としてこのプロジェクト前と後の5年間を比較すると、平均して125%の売上アップを実現しています。

　私は主体的に働く人がもっと増えてほしいと思っています。将来

的には全社員がこのプロジェクトに参加してくれて、個人事業主として夕二夕と契約してくれたらとも思っています。しかしそれぞれの事情もありますから、もちろん強制はしません。本社の人数を考えると、これくらいがプロジェクトとしては適正なのかもしれません。このプロジェクトが組織によくも悪くも影響を与えていることは間違いないと思います。

筆者：最後に日本の閉塞感を打破するためのご提言を頂けますか。

谷田社長：私は日本がこの閉塞感を打破するためには、アメリカ型経営のような雇用制度を見習うべきだと思っています。そのためには法律を変えなければなりませんが、若い方には是非そのような働きかけをしてほしいと思います。このままでいくと少子高齢化が進み、若い人たちが高齢者の医療費や年金を負担しなければならなくなります。

　また、日本にはもっと本気で働くべき人たちがたくさんいます。そのような人たちの目を覚まさせることが必要だと感じています。

　目的を定め、自分の意志で、自分の裁量を駆使して働くことがいかに個人の力を引き出すことになるのかを、私はこのプロジェクトを通して証明できたのではないかと思っています。そういう意味では、他社にもこのチャレンジングな仕組みを取り入れてみてはどうかと提言する意味を込めて「日本活性化プロジェクト」と名づけました。

　このプロジェクトが日本の「働き方改革」へ一石を投じる事例になることを期待しています。つまり、日本の高度成長期とは、昭和の方々が週休1日で働いていたことが結実したという解釈をしています。その年代の方々の働き方をベースに、今一度、私たち若手をリードして頂きたいと考えております。

4 インタビュー所感

　谷田社長は歯に衣着せずにご自分の意見をおっしゃる方だと思いました。最初はストレートすぎて戸惑う場面もありましたが、そう考える背景をきちんとご説明頂き、納得のいく主張だと理解できたのです。

　「アメリカ型経営のように解雇しやすい法律に変えるべきではないか。なぜなら、がむしゃらに働く社員が日本には少ない。社員が守られすぎている法律が日本をここまで弱くしてしまった。日本が目を覚ますためにも法律を変えるべきだ」という論法は、賛否両論あるものの真っ当な意見だと思います。

　谷田社長がそう語る背景には、仕事を前向きに捉え、主体性を発揮すれば仕事は楽しいというメッセージが込められています。副業なんて仕事はこの世にないと喝破するその姿は、日本人の古きよき勤労観を体現されているように思いました。

　最後に社長の使命について質問をさせていただきましたが、「人の育成と仕組み作り」と明言されました。谷田社長の、会社と社員への想いはこの言葉に集約されていると思います。

最終章

最後に、心理的安全性の先にある未来について考察したいと思います。結論から申し上げますと、心理的安全性は目的ではなく手段に過ぎないということです。その先にあるものは、やはり個人の幸せだと思います。私たちは「幸せになる」ために生まれてきたのですから、当たり前かもしれません。個人の幸せがない組織は、この先の存続は難しいでしょう。

　なぜなら人口が減り、働く選択肢が増えている中で、わざわざ幸せになれない会社を選ぶ理由はないからです。「会社のために個人がある」という古い概念から脱却しない限り、人材の流出は止まりませんし、若手の採用はますます難しくなるでしょう。これからは個人の幸せを追求する企業が発展していく時代です。それは「会社と個人が対等の関係」である働き方です。さらには「個人のための会社」を標榜する組織も出現し始めています。人は理想に向かいます。「今の会社よりもあの会社のほうが幸せになれるのではないか」と思うから転職を考えるのです。

　それでは幸せとは何か。

　一つは人間関係がよいということです。人の間で生きるのが人間であるならば、人との関係性に幸せが依拠するのは必然です。

　もう一つは何かというと、心の平穏だと思います。言い換えると、いつも平常心でいることです。これは「幸せである」ことを常態化しているとも言えます。

　最後は、「働く」とは「傍を楽にする」が語源ですから、自分以外の誰かに貢献すること、これすなわち幸せであると定義できると思います。特に現代の若者には社会への貢献が実感できる会社を求める傾向がありますが、これも至極当然のことと思います。

　そして何より上記の幸福感を作る条件こそが、これまで述べてきた「応分の場」です。この場が幸福感に満たされていれば、人は幸福でいられるのです。そしてこの応分の場を規定するのが企業の目的であり、会社の存在理由です。これからの時代は、形骸化した経営理念の元で意欲的に働くことはもはやできません。人は意味を求めます。意味のないことに従事することはできないのです。その意味こそが、経営理念や経

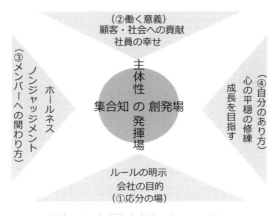

図表10　心理的安全性の先にある未来

営目的に他なりません。今、企業はその実現に本気で取り組んでいるか
どうかが問われています。

　これらのことを理解の上で、ひとたび本気の場が形成されれば、主体
性が発揮され、集合知が形成されるのです。集合知とは個人の総和を
超える叡智が創発される集団のことです。集合知が一人の天才を凌駕す
ることは、Google のプロジェクト・アリストテレスが証明しています。
そしてこれこそが心理的安全性を高める目的であり、心理的安全性に期
待する未来であると思います。この結論を、改めて以下に整理します。

①応分の場

　日本人が安心できるのは、分相応というポジションです。役割が明確
であれば安心して働くことができますし、その役割に応えたいと思うの
です。この応分の場を規定するものが目的です。そして目的を実現す
るためのルールが明確であればあるほど、安心安全な場が形成されま
す。人は許可が下りると心理的安全性が担保されます。この「許可」の
前提が「ルール」ということになります。「無礼講」という許可が出れば、
日本人はそのように振る舞えるのです。まずはルールを明確にしましょ
う。

②働く意義

　人は幸せを求めます。仕事の幸せを担保するのが「働きやすさ」と「働き甲斐」です。働きやすさの多くは人間関係に起因します。一方、働き甲斐は、他者への貢献です。顧客への貢献であり、社会への貢献です。貢献意欲が満たされれば、人は幸せでいられるのです。

③メンバーへの関わり方

　これからの私たちは、ノンジャッジメントというあり方をポイントに置くべきだと思います。これはよい悪いの判断をしないということです。多くの人がラベリング思考、いわゆるレッテルを貼ることを無意識に行ってきました。つまり常によい悪いの判断をしながら生きてきたのです。人生においても、仕事においても、この思考は弊害でしかないように思うのです。

　ジャッジメントが悪いのではなく、「この件は隣の部署が遅いから悪いんだ」「あの件は彼がミスしたのが原因だ」と、誰かの責任にした時点で思考が停止することに問題があります。つまりジャッジメントだけでは改善につながらないのです。

　人間は誰しもミスをしたり、遅れたりすることがあります。ですからよい悪いのジャッジで終わらずに、どうしたらよりよくできるのかを考えたいということです。事が起こってしまったら「どうしたら改善できるかを一緒に考えましょう」という気持ちと思考を育みたいものです。これのようなあり方は、ノンジャッジメントと表現されます。

　失敗してもジャッジされないような安心安全な組織風土が築ければ、「ホールネス」つまり偽りの仮面を被る必要がなく、ありのままの自分で仕事ができるようになるのです。さらに心理的安全性が高まるということです。

④自分のあり方

　そして、最終的にすべては心の問題に帰結するということです。自分

が平常心でいられるかどうかは、他人の問題ではありません。心の平穏は自分で作り出すことができます。多少の修練は必要ですが、マインドフルネスを始めとして、平常心を保つためのノウハウはたくさんあります。心を不動心にまで高めることができれば、もはや自分の幸せが他人に左右されることはなくなるでしょう。私はここまでの４つの中で一番重要なのは、この「心を鍛えること」だと思っています。

　そして仕事の報酬はお金、達成感など色々あろうかと思いますが、私は「成長」を仕事の報酬に据えることが重要だと思います。結果を求めても、実ることもあればダメな時もあります。努力が報われるかどうかは分かりません。ただ、努力の末の「成長」は誰にでも約束されています。人生の挑戦の一つは、命ある限りどこまで成長できるかではないでしょうか。さらに成長の先にある精神の成熟まで到達できれば本望かもしれません。

　私はこれら４つを高めていくことで「主体性の発揮場」が作られ、「集合知の創発場」が形成されると確信しています。そのような場を作ることができれば、必然的に心理的安全性は担保されますし、成長・発展していく組織が作られると思います。そして、このような組織が社会に貢献しない、などということはありえないことなのです。

　近い将来この日本が、幸せで働き甲斐のある組織であふれることを願っています。そして私もその一端を担い、共に成長させて頂ければ幸いです。

おわりに

　戦略系や制度設計のコンサルタントではなく、私のような泥臭く現場に出向いて組織変革を担うコンサルタントの成否は、いかにメンバーを動機づけできるかに懸かっていると思います。コンサルタントに成りたての頃は、やらされ感が満載で不満だらけの現場の人たちの真実の声を聞き取れずに、成果が出ないというケースを数多く経験してきました。クライアントは具体的な成果を期待してコンサルタントを雇うわけですから、成果創出がなされなければ、私の居場所はありません。

　このようなジレンマに苦しんだ時期が長くありましたが、あることがきっかけで現場の人たちの「動機」に気づいたのです。これは拙著の『「グチ活」会議』でも述べているのですが、とあるプロジェクトの中間報告会でのことでした。それまでは順調に私のアドバイス通りに進捗していると思っていた担当チームが、実は何も進めていなかったのです。役員への成果報告を兼ねての発表会で、まさかの大失態となりました。

　その後、改めてメンバーと話をすると、クレーム対応に始まり、あまりにも日々の仕事が忙しく、イレギュラーなプロジェクトに時間を割いてはいられなかったということでした。つまり、前半の数カ月間は私への面従腹背で、心ここにあらずの状態だったと言うのです。

　私の力量不足を痛感した場面ではあったのですが、その時に初めて現場の本音を聞けたことで、今後のコンサルティングの核心を得る機会にもなりました。つまり、真の動機は本音の中にしかなかったのです。

　それ以来、プロジェクトの冒頭では心理的安全性の重要性を説き、メンバーからの本音を引き出すことに集中するようになりました。本音を聞けば、こうしたい、ああしたいという思いは必ず出てきます。その時こそがメンバーの「主体性が顕現された瞬間」なのです。

　ただ、日本人は周囲を気にしすぎる側面があるので、組織というのは

本音が出づらい場であることは事実です。つまり「言うは易く行うは難し」です。私はこれまでの経験から、実際に心理的安全性を創出するのは容易ではないということを痛感しているからこそ、具体的な方法を導き出したいと思っていました。

構想から3年、何とか本書を書き上げるところまでは漕ぎつけましたが、まだまだ研究途上であり、未熟な点も多々あろうかと思います。読者のみなさまからのご意見を謙虚に受け止めながら、理想の組織作りへの研究をさらに深めて参りたいと思います。

末筆になりましたが、株式会社産業能率大学出版部 常務取締役 坂本清隆様に感謝致します。リーダーシップに寄り過ぎない「心理的安全性」についてご関心を寄せて頂いたおかげで、本書を上梓することができました。また、本書の取材協力を快くお引き受け頂いた滝沢ハム株式会社 代表取締役社長 中江一雄様、伊那食品工業株式会社 代表取締役社長 塚越英弘様、株式会社ネットプロテクションズ 代表取締役 柴田紳様、株式会社タニタ 代表取締役社長 谷田千里様、には大変お世話になりました。本書の主旨にご賛同頂き、取材にご協力頂きましたことに改めて感謝を申し上げます。

また、本書の編集にあたり多大なるご協力を頂いた平岡淳一さんに感謝致します。執筆にあたり適切なアドバイスを頂き導いてくれた羽田理恵子さん、情報提供に尽力してくれた早川健治さんにも心より御礼申し上げます。

最後に既に他界した父母に本書を捧げます。深い愛を持って私を育て、見守ってくれたことに心から感謝を申し上げます。

そして、日本がこの閉塞感を打破し、幸福度の高い国へと昇華することを願い、筆をおきたいと思います。

2023年1月

仁科雅朋

(参考図書)

『恐れのない組織』
　　　エイミー・C・エドモンドソン 著　野津智子 訳　　（英治出版）

『チームが機能するとはどういうことか』
　　　エイミー・C・エドモンドソン 著　野津智子 訳　　（英治出版）

『世界最高のチーム』
　　　ピョートル・フェリクス・グジバチ 著　　（朝日新聞出版）

『藁のハンドル』
　　　ヘンリー・フォード 著　竹村健一 訳　　（中公文庫）

『科学的管理法』
　　　フレデリック W. テイラー 著　有賀裕子 訳　　（ダイヤモンド社）

『菊と刀』　　ルース・ベネディクト 著　角田安正 訳　　（光文社古典新訳文庫）

『日本の経営』
　　　ジェームズ・C・アベグレン 著　山岡洋一 訳　　（日本経済新聞社）

『Japan as No.1』
　　　エズラ・F・ヴォーゲル 著　広中和歌子・木本彰子 訳　　（CCC メディアハウス）

『Z 世代マーケティング』
　　ジェイソン・ドーシー＆デニス・ヴィラ 著　門脇弘典 訳　　（ハーパーコリンズ・ジャパン）

『心理的安全性のつくりかた』　　　石井遼介 著　　（日本能率協会
　　　　　　　　　　　　　　　　　　　　　　　　マネジメントセンター）

『オーセンティック・リーダーシップ』
　　　　ハーバード・ビジネス・レビュー編集部 編
　DAIAMOND ハーバード・ビジネス・レビュー編集部 訳　　（ダイヤモンド社）

『拝啓　人事部長殿』　　　髙木一史 著　　（サイボウズ式ブックス）

『サーチ・インサイド・ユアセルフ』
　　　チャディー・メン・タン 著　柴田裕之 訳　　（英治出版）

『マインドフルネス ストレス低減法』
　　　J・カバットジン 著　春木豊 訳　　（北大路書房）

(参考図書)

『マインドフルネス瞑想入門』	吉田昌生 著	（WAVE 出版）
『末広がりのいい会社をつくる』	塚越寛 著	（文屋）
『人生の成功とは何か』	田坂広志 著	（PHP）
『すべては 1 人から始まる』	トム・ニクソン 著 山田裕嗣・青野英明・嘉村賢州 監修	（英治出版）
『タテ社会の人間関係』	中根千枝 著	（講談社現代新書）
『本気で社員を幸せにする会社』	やつづか えり 著	（日本実業出版社）
『なぜ弱さを見せあえる組織が強いのか』	ロバート・キーガン＆リサ・ラスコウ・レイヒー 著 中土井僚 監修　池村千秋 訳	（英治出版）
『だから僕たちは、組織を変えていける』	斉藤徹 著	（クロスメディア・パブリッシング）
『なぜ、御社は若手が辞めるのか』	山本寛 著	（日本経済新聞出版）
『タニタの働き方革命』	谷田千里＋株式会社タニタ 編著	（日本経済新聞出版）
『心。』	稲盛和夫 著	（サンマーク出版）
『集団と集合知の心理学』	有馬淑子 著	（ナカニシヤ出版）
『集合知とは何か』	西垣通 著	（中公新書）
『武士道』	新渡戸稲造 著　矢内原忠雄 訳	（岩波文庫）
『代表的日本人』	内村鑑三 著　鈴木範久 訳	（岩波文庫）
『あなたに知らせたい 日本という希望』	赤塚高仁 著	（きれい・ねっと）

仁科　雅朋
（にしな　まさとも）

株式会社ジーンパートナーズ　代表取締役

大学卒業後、味の素に入社。戦略製品の革新的な販売手法・実績で入社最速で社長賞を受賞。その後、より多くのビジネスマンや企業を支援したいという思いが加速し、30歳でコンサルタントに転身。業績の良い企業は何が違うのかを徹底的に分析し「明確なビジョンと組織風土を良きものに変えれば必ず業績は向上する」ことを実証。以後4半世紀にわたり、中小企業～1兆円を超える大企業の経営指導と組織風土改革に携わり、業績を向上させてきた。現場指導型のコンサルティング手腕には定評あり。

また、ミドルエイジ・クライシスにより大病を患うが、奇跡的に一命を取り留める。その体験からストレスがすべての原因だと知り、心の研究に努める。マインドフルネス瞑想を学び、瞑想による心の静寂は人生の幸福につながることを体現。マインドフルネス瞑想の指導者として普及に努めている。

著書『「グチ活」会議－社員のホンネをお金に変える技術－』（日本経済新聞出版）

（保有資格）
ジョージワシントン大学リーダーシップコース修了
一般社団法人マインドフルネス瞑想協会　認定インストラクター

HP：https://jeanpartners.com/
Twitter：@nishinamasatomo
講演依頼：info@jeanpartners.com

書籍コーディネート：(有) インプルーブ　小山睦男

心理的安全性がつくりだす組織の未来

－アメリカ発の心理的安全性を日本流に転換せよ－ 〈検印廃止〉

著　者	仁科　雅朋
発行者	坂本　清隆
発行所	産業能率大学出版部
	東京都世田谷区等々力 6-39-15　〒 158-8630
	（電　話）03（6432）2536
	（FAX）03（6432）2537
	（URL）https://www.sannopub.co.jp/
	（振替口座）00100-2-112912

2023 年 3 月 31 日　初版 1 刷発行

印刷・製本／渡辺印刷

（落丁・乱丁はお取り替えいたします）　　　　　ISBN 978-4-382-15835-1
無断転載禁止